グリーン・プレス
DIGITAL
ライブラリー
48

Corel® ビデオスタジオ
VideoStudio® X10
PRO/ULTIMATE
オフィシャルガイドブック

山口正太郎 ◎著

グリーン・プレス

本書の使い方

チャプタータイトル
簡略で直接的なタイトルでやりたいことがすぐわかるようにしています。

このセクションでの解説を説明しています。

チャプターNo.

小見出し
いま、何をしているのかを把握できます。

Chapter2

03 スマホの動画と写真を取り込んでみよう

iPhone や Android などのスマートフォンから動画や写真を取り込みます。

iPhone で撮ったビデオや写真を保存する

　以前はパソコンに「iTunes」というソフトがインストールされていないと、データを取り込むことができませんでした。しかし今は外部ストレージとしてすぐに認識されるようになっており、簡単になりました。ここでは Windows に標準で搭載されている「フォト」を利用して読み込みます。

Point
パソコンから iPhone に動画などを転送する場合は、「iTunes」のインストールは必須です。

Point
操作に関するワンポイントアドバイス

①パソコンと iPhone を Lightning ケーブルで接続します。

パソコンと iPhone をはじめて接続したときは、iPhone に左図のようなメッセージが表示されます。「許可」をタップして、パソコンから iPhone のデータにアクセスできるようにすれば、次回からは表示されません。

②スタートメニューから「フォト」を起動します。

操作の手順を番号つきで解説。迷うことはありません。ツールの名前は●番号で記載。

画面のキャプチャーをできるだけ増やして掲載。直感的な操作をめざしました。

52

➡本書は Windows 10 を使用して、Corel VideoStudio X10 の使い方をインストールから、具体的な活用法まで、操作の流れに沿ってていねいに解説しています。

> **Reference**
> 操作に関する補足説明や別の操作方法などをフォローしています。

> 画像は該当箇所をなるべく大きくして細かい文字もできるだけ読めるようにしています。

> すぐに目的の章が見つけられるように、章ごとに色を変えています。

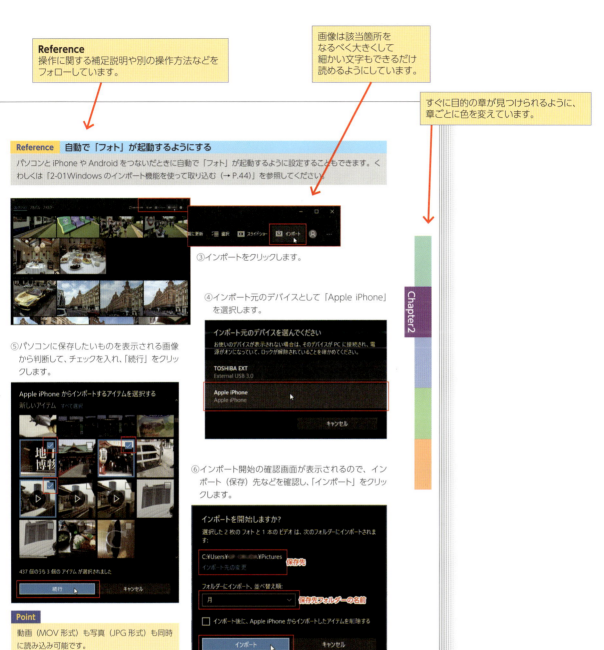

PRO / ULTIMATE 以外の製品をご使用されている方へ

VideoStudio X10のエディションによっては一部機能や対応するビデオフォーマットに制限があったり、コーデックのダウンロードが必要などの製品版とは一部仕様が異なることがあります。動画編集に関する VideoStudio X10 の基本的な操作は変わりませんので、ぜひ本書をご活用ください。

目次

本書の使い方…2

目次…4

Chapter 1
「VideoStudio X10」で
動画編集を始めよう

01 VideoStudio X10で動画編集（動画編集の流れ）…8
02 インストールしよう…12
03 起動と終了をしてみよう…15
04 アンインストールするには？…17
05 ワークスペースを知ろう…19
06 プロジェクトってなんだろう？…28
07 ライブラリを使いこなす…31

Chapter 2
「取り込み」ワークスペース編
PCに素材（データ）を取り込もう

01 ビデオカメラから動画を取り込んでみよう…40
02 VideoStudio X10 経由で取り込む…46
03 スマホの動画と写真を取り込んでみよう…52
04 VideoStudio X10にパソコンに保存されたメディアファイルを取り込む…56

Chapter 3
「編集」ワークスペース編
基本動画編集テクニック

- 01 ストーリーボードビューとタイムラインビュー ...60
- 02 大まかな編集に実力を発揮する「ストーリーボードビュー」...61
- 03 本格的に編集するなら「タイムラインビュー」...69
- 04 多彩な演出を可能にする「トラック」...73
- 05 トラックをロックする「リップル編集」...79
- 06 使いたいシーンを選別する「トリミング」...82
- 07 クリップの分割、オーディオの分割 ...88
- 08 シーンとシーンを切りかえる「トランジション」...91
- 09 クリップに特殊効果をかける「フィルター」...93
- 10 文字を挿入して動画をレベルアップする「タイトル」...99
- 11 名場面を劇的に盛り上げる「オーディオ」...116
- 12 知っておくと便利!クリップの属性とキーフレームの使い方 ...123

Chapter 4
「完了」ワークスペース編
完成した作品を書き出す

- 01 MP4 形式で書き出してみよう ...130
- 02 SNS にアップロードして世界発信しよう ...133
- 03 スマホやタブレットで外に持ち出そう ...136
- 04 メニュー付き DVD ディスクでグレードアップ ...139

Chapter 5
多彩なツールでさらに凝った演出

01 360°動画を編集して臨場感あふれる作品を 新機能 ...152
02 再生速度を自由自在にコントロールする「タイムリマップ」 新機能 ...157
03 オーバーラップも簡単に演出「トラック透明」 新機能 ...161
04 プロ並みにさらに凝った画づくり「マスククリエーター」（ULTIMATE 限定） 新機能 ...164
05 カメラアングルを自由に切りかえる「マルチカメラ エディタ」...171
06 対象を吹き出しが追いかけていく「モーショントラッキング」...184
07 音に関する設定ならおまかせ「サウンドミキサー」...191
08 静止画にアクションをつけてフォトムービーをつくろう ...198
09 もっと簡単に動画をつくろう「Corel FastFlick X10」...209
10 モニター画面を動画で保存する「Live Screen Capture」...216

索引 ...220

購読者特典 ...223

©2017 Corel Corporation. All Rights Reserved
Corel、Corel ロゴ、Corelballoon ロゴ、VideoStudio、MyDVD および FastFlick は、カナダ、アメリカ合衆国およびその他の国における Corel Corporation の商標または登録商標です。
AVCHD、AVCHD ロゴはパナソニック株式会社とソニー株式会社の商標です。
YouTube は、Google Inc. の商標または登録商標です。
Microsoft、Windows は、米国 Microsoft Corporation の米国およびその他の国における登録商標または商標です。
Apple、Apple ロゴ、iTunes、iPhone、iPad は、米国およびその他の国における Apple Inc. の登録商標または商標です。
その他、本書に記載されている会社名、製品名は、各社の商標または登録商標です。
なお、本文中には ® および ™ マークは明記していません。

本書の制作にあたっては、正確な記述に努めていますが、本書の内容や操作の結果、または運用の結果、いかなる損害が生じても、著者ならびに発行元は一切の責任を負いません。
本書の内容は執筆時点での情報であり、予告なく内容が変更されることがあります。また、システム環境やハードウェア環境によっては、本書どおりの操作ならびに動作ができない場合がありますので、ご了承ください。

Chapter1
VideoStudio X10 で動画編集を始めよう

インストールの仕方から起動と終了の操作まで、VideoStudio X10 を使うための基本的な準備を始めましょう。

01 VideoStudio X10で動画編集（動画編集の流れ）
02 インストールしよう
03 起動と終了をしてみよう
04 アンインストールするには？
05 ワークスペースを知ろう
06 プロジェクトってなんだろう？
07 ライブラリを使いこなす

Chapter1

01 | VideoStudio X10 で動画編集 (動画編集の流れ)

「Corel VideoStudio X10」(以下 VideoStudio X10) を使って動画を編集して作品に仕上げていきます。

ステップ1 「取り込み」　　→ P.40

①撮影した動画や写真を PC に取り込み、保存します。

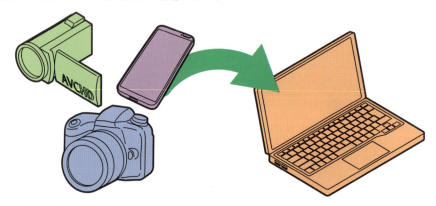

Point

VideoStudio X10 では素材となる動画データや写真データ、オーディオデータのことをすべて「クリップ」と呼びます。

② PC に保存したクリップを VideoStudio X10 のライブラリに読み込みます。

VideoStudio X10 のライブラリに読み込む

ステップ 2 「編集」　　→ P.60

ここではおもな編集作業を紹介します。
クリップの再生の順番を入れ替えたり、不要な箇所をカットしたり、さまざまな「エフェクト（効果）」や「トランジション（場面転換）」をほどこして編集していきます。

● クリップの再生順を入れ替える

クリップを再生する順番を簡単に入れ替えることができます。

再生の順番を入れ替える

● 不要な箇所をカットする（トリミング）

クリップの不要な箇所をカットします。カットといってもその部分を切って捨てるわけではなく、1本の動画の中で必要な部分をピックアップする作業のことで、これをトリミングといいます。

不要な部分をカット

カットした分、全体の長さ（時間）が短くなる

Point
極端なことを言えば、必要な場面を切貼りしてつなげるだけでも、立派な作品といえます。ただもっと手を加えることによって、見栄えをよくして完成度を高めます。

● クリップにエフェクト（効果）をかける

クリップにエフェクトをかけて、加工します。エフェクトは動画だけでなく、写真や音声にもさまざまな加工をほどこすことができます。

エフェクトをかける。

🔘 クリップとクリップの間にトランジション（場面転換）を設定する

　場面の切り替えを、スムーズにみせることができるのが、トランジションです。時間経過や場所移動の過程をおしゃれに演出できます。

場面の切り替えをスムーズに演出。ここでは「クロスフェード」を使用

🔘 タイトルを挿入する

　タイトルや字幕、スタッフロールなどを簡単に挿入して、動画を盛り上げます。

タイトル文字やテロップで映像を盛り上げる

🔘 音楽や効果音を挿入する

　お気に入りの音楽や、効果音、ナレーションなどを挿入します。

BGMでさらに演出

Point

SNS等で動画を公開する場合は著作権に注意しましょう。

ステップ3　「完了」

→ P.130

完成した動画を用途に合わせて、いろいろな形式で書き出します。

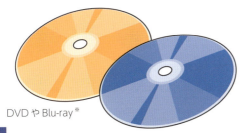
DVD や Blu-ray ※

スマホやタブレット

Point
※ Blu-ray の作成には別途プラグイン（有料）が必要です。
（→ P.223）

SNS 等の Web サイトに直接アップロードも可能

Reference　各ステップは自由に切り替えが可能

「完了」ステップ（ワークスペース）に切り替えたから、もう編集はできないなどということはありません。VideoStudio X10 では各ステップ（ワークスペース）をタブで切り替えて自由に作業できます。

ワークスペースのタブ（色は選択しているときに変わります）

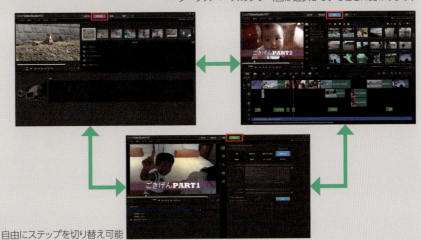
自由にステップを切り替え可能

Chapter1
02 インストールしよう

VideoStudio X10 をインストールします。ここではパッケージ版のインストールディスクからインストールする方法を解説します。

インストール開始

①パソコンの DVD ドライブにインストールディスクを挿入して、ディスクに対する操作を選択します。

②「VideoStudio_install.exe」をダブルクリックします。

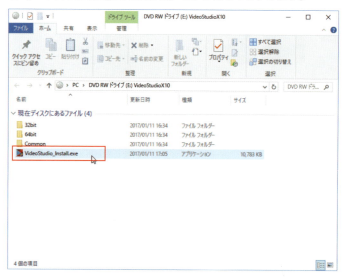

「フォルダーを開いて表示」を選択

③「ユーザーアカウント制御」が表示された場合は「はい」をクリックします。

Point
インストールするにはインターネットに接続されている必要があります。

④図のような画面が表示されるので、シリアル番号を入力して、「次へ」をクリックします。

> **Reference** シリアル番号
>
> シリアル番号は、パッケージ版は同梱されている「シリアル番号取得用紙」(店頭で購入した場合)または「シリアル番号カード」(通販などで購入した場合)をご覧ください。ダウンロード版は購入の際のメールなどに記載されています。

⑤ライセンス契約の利用条件をよく読み、「ライセンス契約の利用条件に同意します。」をチェックして、「次へ」をクリックします。

⑥「ユーザーエクスペリエンス向上プログラム」の確認ウィンドウが表示されるので、参加する場合はそのまま、参加しない場合はチェックをはずし、「次へ」をクリックします。

⑦「インストール」をクリックします。

⑧インストールが開始されます。

⑨インストールが完了すると、画面が切り替わるので「終了」をクリックします。

> **Reference** 体験版も用意されている
>
> 購入を迷っている人には体験版もあります。ただし30日の使用期限があり、機能にも一部制限があります。
>
> **ダウンロード先**
> **Corel のサイト：**
> http://www.corel.com/jp/free-trials/
> **BBSS オンライン：**
> http://corel.bbssonline.jp/products/trial/

デスクトップに追加されるアイコン

◯ Corel VideoStudio X10
メインプログラム

◯ Corel FastFlick X10
テンプレートを使って簡易編集できるプログラム（→P.209）

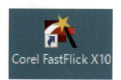

◯ Live Screen Capture
デスクトップ画面を録画するプログラム（→P.216）

◯ VideoStudio MyDVD
DVD作成ソフト（→P.139）

◯ Sonicfire Pro 6.0
オートミュージック（→P.121）の上位版プログラムの体験版

> **Reference　PROとULTIMATEの違い**
>
> VideoStudio X10にはPROとULTIMATEがあります。基本プログラムには違いはありませんが、上位版であるULTIMATEにはPROよりさらに多彩なエフェクトや個性的なトランジションが付属しています。また「マスククリエーター」という新機能では動画の一部だけに着色といった高度な編集が可能です。（→P.164）簡単にプロ並みのビデオ編集が可能なVideoStudio X10ですがULTIMATEではさらに高度な動画編集が可能です。

VideoStudio X10のシステム要件

- インストール、登録、アップデートにはインターネット接続が必要。製品の利用にはユーザー登録が必要。
- Windows 10、Windows 8、Windows 7、64ビットOSを強く推奨。
- Intel Core i3またはAMD A4 3.0 GHz以上
- AVCHD & Intel Quick Sync VideoサポートにはIntel Core i5またはi7 1.06 GHz以上が必要。
- UHD、マルチカメラまたは360°ビデオにはIntel Core i7またはAMD Athlon A10以上
- UHD、マルチカメラまたは360°ビデオには、4 GB以上のRAMおよび8 GB以上を強く推奨。
- ハードウェア デコード アクセラレーションには最小256 MBのVRAMおよび512 MB以上を強く推奨。
- HEVC (H.265) サポートにはWindows 10および対応するPCハードウェアまたはグラフィックカードが必要。
- 最低画面解像度：1024 x 768
- Windows 対応サウンドカード
- 最低8 GBのHDD空き容量（フルインストール用）

※ Blu-rayオーサリングには、VideoStudioで購入可能なプラグインが必要です。（→P.223）

Chapter 1

03 起動と終了をしてみよう

VideoStudio X10 の起動と終了のしかたです。

起動してみよう

　デスクトップの「Corel VideoStudio X10」アイコンをダブルクリックするか、「スタート」の「すべてのアプリ」から「Corel VideoStudio X10」フォルダーを開き「Corel VideoStudio X10」選択してクリックします。そのほかのプログラムの起動も同様です。

ユーザー登録しよう

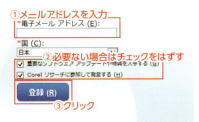

　起動すると最初に「ユーザー登録」を促す「ようこそ!」ウィンドウが表示されるので、メールアドレスを入力し、「重要なソフトウェア アップデータや特典を入手する」と「Corel リサーチに参加して発言する」のチェックをするかどうかを決めて「登録」をクリックします。

「続行する」をクリック

Point
登録しないとソフトは起動しません。

起動直後の画面

起動中の画面

　はじめて起動したときは「ようこそ」画面(→ P.19)が開きます。ここでは VideoStudio X10 のビデオチュートリアルを見たり、追加のプラグインを購入したりすることができます。

Reference	プラグインとは?

プログラムに追加することで、機能を拡張できます。VideoStudio X10 の場合はエフェクトやテンプレートが追加されます。

終了する

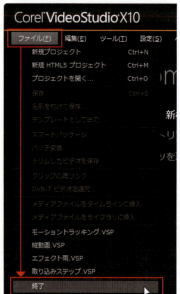

「終了」をクリック

　終了するときはメニューバーの「ファイル」から終了を選択してクリック、または右上にある「×」ボタンをクリックします。

「×」をクリック

Chapter 1

04 アンインストールするには?

VideoStudio X10 をアンインストールします。

VideoStudio X10 の基本プログラムのアンインストール

「スタート」から「設定」をクリックして、「システム」→「アプリと機能」と進みます。

一覧の中から「Corel VideoStudio X10」を探してクリックし、「アンインストール」をクリックします。

続けてアンインストールをクリックします。

「ユーザーアカウント制御」が表示された場合は「はい」をクリックして進みます。

途中で個人設定を削除するかどうかを尋ねられるので、すべての設定を削除する場合はチェックを入れて「削除」をクリックします。

> **Point**
> 個人設定とは自分が使いやすいようにカスタマイズしたエフェクトや、設定のことであり、作成した動画が削除されるわけではありません。

最後に「完了」をクリックして終了します。

Reference 「VideoStudio MyDVD」は別プログラム

「VideoStudio MyDVD」は独立したプログラムなので、VideoStudio X10を削除しても、通常に使うことができます。削除したい場合は手順③まで進み、「VideoStudio MyDVD」を探し出し、アンインストールしてください。

Reference そのほかの VideoStudio X10 関連のプログラム

そのほか以下のプログラムも不要であれば、削除してもかまいません。
・MyDVD Content Pack 1
・MyDVD Content Pack 2（ULTIMATE のみ）
　（上記のプログラムは「VideoStudio MyDVD」を削除してからでないとアンインストールできません）
・Sonicfire Pro6.0（「アプリと機能」内の表記「SmartSound Sonicfire Pro6.0」）
・SmartSound Common DATA

Chapter1
05 ワークスペースを知ろう

編集作業に欠かせない各ワークスペースの概要を順に見ていきます。操作に迷ったら基本的なワークスペースの機能などは、この項で確認してください。

VideoStudio X10はワークスペースと名づけられたフィールドがあり、それをタブで随時切り替えながら、効率的に動画編集を進めていくことができます。

新機能 ようこそ

はじめてVideoStudio X10を起動したときに開くフィールドです。
ここでは新機能の紹介や使い方のビデオチュートリアルを見ることができます。また追加のエフェクトやテンプレートをプラグインとして購入することができます。

①新機能／②チュートリアル

　画像をクリックするとブラウザが起動し、Corelのサイトにつながり、ビデオチュートリアルが再生されます。

ビデオチュートリアルが再生される

③コンテンツを取得

　スライドショーのテンプレートやトランジションなどのプラグインを追加購入することができます。

購入する場合は「今すぐ購入」をクリックして、手続きに進みます。

Reference　最初に開くタブを変更する

　起動したときに、どのワークスペースを開くかを変更することができます。メニューバーの「設定」から「環境設定」→「全般」→「初期設定セットアップページ」で変更します。

「取り込み」ワークスペース

動画や写真など、各種データを取り込む機能を集めたのが「取り込み」ワークスペースです。

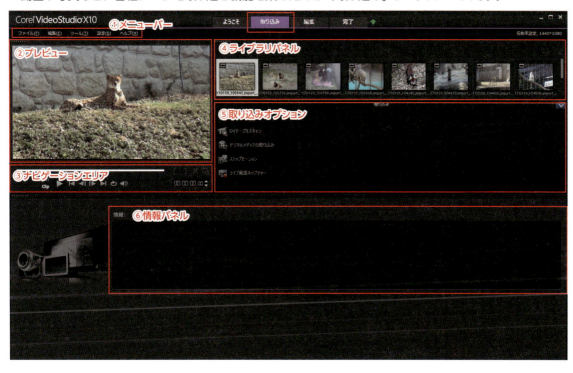

①メニューバー

プロジェクトファイルの保存をはじめ、さまざまな機能を呼び出して実行するためのコマンドが収納されています。各ワークスペースすべてに表示されます。

②プレビュー

現在選択しているクリップを表示します。

③ナビゲーションエリア

プレビューのビデオを再生したり、前後にコマ送りをしたりする操作ボタンがあります。ワークスペースによって機能するボタンが一部変わります。グレーアウトしたボタンはここでは使用できません。

④ライブラリパネル

VideoStudio X10に取り込んだ各クリップが表示されます。「編集」ワークスペースにもあります。

⑤取り込みオプション

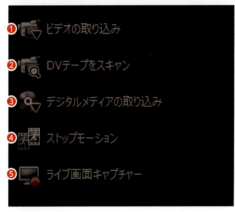

さまざまなメディアの取り込み方法を選択するときに使用します。

❶	ビデオの取り込み	DVカメラ、HDVカメラから取り込むときやWebカメラで直接録画するときに使用する。
❷	DVテープをスキャン	DVテープをスキャンしてシーンを選択して取り込むときに使用する。
❸	デジタルメディアの取り込み	DVDやBlu-ray※、AVCHDカメラ、一眼レフカメラなどから取り込むときに使用する。
❹	ストップモーション	Webカメラや対応したデジカメなどを使用して、ストップモーションアニメーションを作るときに使用する。
❺	ライブ画面キャプチャー	PCに表示された画面の映像を録画できる「Live Screen Capture」を起動する。

※Blu-rayの取り込みには別途プラグインが必要です。(→P.223)

Point
・AVCHDカメラ→「デジタルメディアの取り込み」
・DVカメラ・HDVカメラなど→「ビデオの取り込み」

⑥情報パネル

PCカメラや対応したビデオカメラをパソコンに接続して、VideoStudio X10経由で直接録画するときなどに情報が表示されます。AVCHDカメラ接続時には何も表示されません。

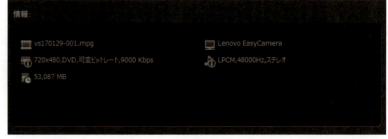

「編集」ワークスペース

VideoStudio X10でもっとも使用するのが「編集」ワークスペースです。

①メニューバー

プロジェクトファイルの保存をはじめ、さまざまな機能を呼び出して実行するためのコマンドが収納されています。各ワークスペースすべてに表示されます。

②プレビュー

現在選択しているクリップを表示します。

③ナビゲーションエリア

プレビューのビデオを再生したり、前後にコマ送りをしたりする操作ボタンがあります。

Reference さらに詳しく…

ナビゲーションエリアはどのワークスペースでも、プレビューとともに表示され、各ボタンの操作は共通です。

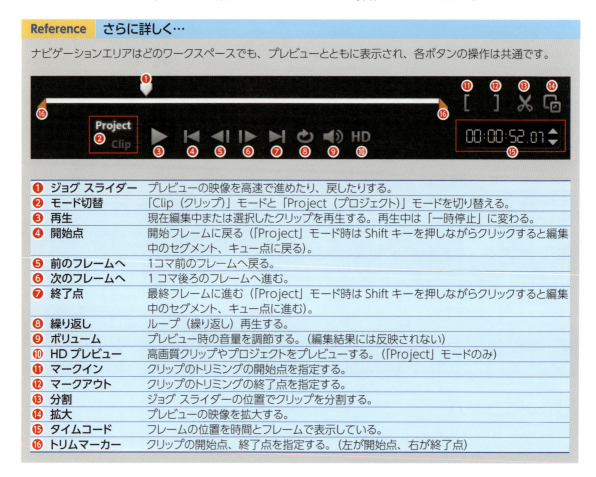

❶	ジョグ スライダー	プレビューの映像を高速で進めたり、戻したりする。
❷	モード切替	「Clip（クリップ）」モードと「Project（プロジェクト）」モードを切り替える。
❸	再生	現在編集中または選択したクリップを再生する。再生中は「一時停止」に変わる。
❹	開始点	開始フレームに戻る（「Project」モード時は Shift キーを押しながらクリックすると編集中のセグメント、キュー点に戻る）。
❺	前のフレームへ	1コマ前のフレームへ戻る。
❻	次のフレームへ	1コマ後ろのフレームへ進む。
❼	終了点	最終フレームに進む（「Project」モード時は Shift キーを押しながらクリックすると編集中のセグメント、キュー点に進む）。
❽	繰り返し	ループ（繰り返し）再生する。
❾	ボリューム	プレビュー時の音量を調節する。（編集結果には反映されない）
❿	HD プレビュー	高画質クリップやプロジェクトをプレビューする。（「Project」モードのみ）
⓫	マークイン	クリップのトリミングの開始点を指定する。
⓬	マークアウト	クリップのトリミングの終了点を指定する。
⓭	分割	ジョグ スライダーの位置でクリップを分割する。
⓮	拡大	プレビューの映像を拡大する。
⓯	タイムコード	フレームの位置を時間とフレームで表示している。
⓰	トリムマーカー	クリップの開始点、終了点を指定する。（左が開始点、右が終了点）

Reference 「Project（プロジェクト）」モードと「Clip（クリップ）」モード

「Project」モードは編集中の動画全体を再生します。「Clip」モードは選択しているクリップのみを再生します。編集中の結果や効果を確認するには、必ず「Project」モードで再生します。

④ツールバー

「タイムラインビュー」モードと「ストーリーボードビュー」モードを切り替えたり、エフェクトやトランジションをライブラリパネルに呼び出したりできるアイコンが並んでいます。（→ P.70）

⑤タイムラインパネル

ビデオトラックやオーバーレイトラックなどが並んでいます。クリップを配置して作業を進めます。

⑥ライブラリパネル

VideoStudio X10 に取り込んだ各クリップが表示されます。

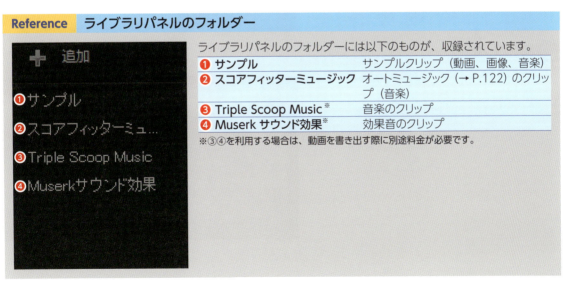

| Reference | ライブラリパネルのフォルダー |

ライブラリパネルのフォルダーには以下のものが、収録されています。

❶ サンプル	サンプルクリップ（動画、画像、音楽）
❷ スコアフィッターミュージック	オートミュージック（→ P.122）のクリップ（音楽）
❸ Triple Scoop Music[※]	音楽のクリップ
❹ Muserk サウンド効果[※]	効果音のクリップ

※③④を利用する場合は、動画を書き出す際に別途料金が必要です。

「完了」ワークスペース

完成した動画を活用するための仕上げをするのが「完了」ワークスペースです。

●①メニューバー

プロジェクトファイルの保存をはじめ、さまざまな機能を呼び出して実行するためのコマンドが収納されています。各ワークスペースすべてに表示されます。

●②プレビュー

現在書き出そうとしているビデオを表示します。

③ナビゲーションエリア

プレビューのビデオを再生したり、前後にコマ送りをしたりする操作ボタンがあります。

④情報エリア

現在のパソコンのハードディスクの空き容量の状況と書き出そうとしている動画の推定出力サイズが表示されます。

⑤カテゴリー選択エリア

出力する動画の用途に合わせて、形式エリアの項目が変化します。

Reference	さらに詳しく…

動画の用途に合わせてカテゴリーを選択します。

① コンピューター　MPEG 形式や MP4 などパソコンで再生できる一般的なファイル形式
② デバイス　DV カメラやスマートフォンなど出力先の再生機器に合わせたファイル形式
③ Web　YouTube などの SNS サービスに適したファイル形式
④ ディスク　DVD や Blu-ray※などディスクメディアに適したファイル形式
⑤ 3D ムービー　3D ムービーに適したファイル形式

※ Blu-ray に出力する場合は別途プラグインの購入が必要です。(→ P.223)

⑥形式エリア

⑤のカテゴリーの選択に合わせてファイル形式の項目が変化します。形式に合わせてそれに適したプロファイルを選択したり、書き出すファイルの保存場所の変更を行えます。

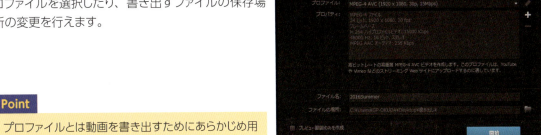

Point

プロファイルとは動画を書き出すためにあらかじめ用意された仕様のことです。

Chapter 1

06 プロジェクトってなんだろう?

VideoStudio X10では編集作業の工程や内容をすべて「プロジェクト」というファイルで管理します。

このプロジェクトファイル（.VSP）のおかげで、編集作業を中断したり、不測の事態でパソコンがシャットダウンして編集していた内容が失われたりしても、保存しておいたプロジェクトファイルの時点から作業が再開できるので、安心です。こまめに保存をしておけば、失われた被害も最小限に抑えられます。

新規プロジェクトの保存

まだ編集作業を開始していなくても、最初にプロジェクトの名前を決めてファイルとして保存しましょう。

①メニューバーの「ファイル」から「保存」をクリックします。

②「名前を付けて保存」ウィンドウが開くので、プロジェクト名を入力して「保存」をクリックします。

Point
保存先は初期設定では「ドキュメント」→「Corel VideoStudio Pro」→「My Projects」フォルダーです。

Point
作業中にキーボードの「Ctrl」＋Sを押せば、すぐに上書き保存できます。

Point
編集画面の右上を見ると、いま編集作業中の「プロジェクト名」が表示されています。

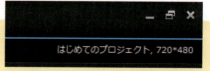

プロジェクトを開く

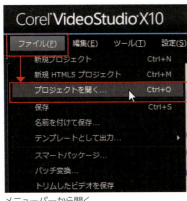

保存してあるプロジェクトを開く場合は VideoStudio X10 を起動して、メニューバーの「ファイル」から「プロジェクトを開く」をクリックするか、VideoStudio X10 が起動していなくても、プロジェクトファイルをダブルクリックすれば開くことができます。

メニューバーから開く　　アイコンをダブルクリック

プロジェクトを「入れ子」として活用する

　プロジェクトファイルはライブラリに読み込むことが可能です。それをタイムラインに配置すれば別々に編集した作品をまとめて大作に仕立て上げることも可能です。プロジェクトを配置する場合は1本のムービーという形でも、置くことができますが、プロジェクトのまま（つまりトラックの構造を維持したまま）配置することも可能です。

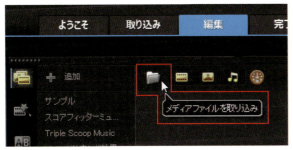

①「メディアファイルを取り込み」をクリックします。

Point

ライブラリにプロジェクトファイルを取り込むための専用フォルダーをつくり、そこに読み込むのがおすすめです。フォルダーの追加（→ P.31）

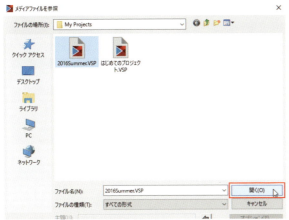

②「メディアファイルを参照」ウィンドウが開くので、取り込みたいプロジェクトを選択して「開く」をクリックします。

③ライブラリにプロジェクトが取り込まれました。

Reference 拡張子に注目

名前がプロジェクト名になっており、拡張子もVideoStudio X10のプロジェクトファイル（.VSP）になっています。

④タイムラインに配置したいプロジェクトファイルをドラッグアンドドロップします。

⑤タイムラインに配置されました。

プロジェクトの構造がそのまま取り込まれた

Reference 1本のムービーとして配置する

1本のムービーとして配置する場合はドロップする前にキーボードの「Shift」キーを押します。表示が変わるのを確認してドロップします。

「Shift」キーを押してから、ドロップする

Reference 元のプロジェクトファイルには影響しない

配置したプロジェクトファイルは、ほかのクリップ同様、通常の編集ができます。また取り込んだプロジェクトの元のファイルには一切影響はありません。

Chapter 1

07 ライブラリを使いこなす

ライブラリ（パネル）を使いこなすことによって、作業効率をアップさせましょう。

クリップはもちろんのこと、トランジションやエフェクトなども一覧で表示することができて便利なのがライブラリです。またそれらを管理する上で、とても役に立つ機能がほかにもあります。

ライブラリのフォルダーを追加する

① 「+追加」をクリックします。 ② 「フォルダー」が追加されました。 ③ フォルダー名を入力します。

ここでは「キッズ」と入力

Point
選択しているフォルダーは文字がオレンジ色で表示されます。

Reference　既存のフォルダー名を変更する

既存のフォルダー名を変更する場合は、フォルダーを選択して、右クリックし、「名前を変更」を選択して入力します。

フォルダーの順番を入れ替える

　フォルダーはドラッグアンドドロップで順番を入れ替えることができます。

「キッズ」を一番下へ移動　　　移動しました

フォルダーを削除する

①フォルダー上で右クリックして表示されるメニューから削除を選択してクリックするか、キーボードの「Delete」キーを押します。

②削除してよいかどうかのウィンドウが表示されます。「OK」をクリックします。

③削除されました。

ライブラリ内でクリップを移動する

①クリップをドラッグアンドドロップして並び替えることが可能です。

②同様にフォルダーにも移動できます。

ドラッグアンドドロップで移動

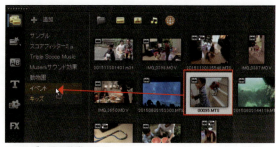

フォルダー間も移動できる

クリップをコピーする

①クリップをコピーしたい場合は選択して、クリップ上で右クリックし、表示されるメニューから「コピー」を選択します。

②カーソルの形が変わります。

③同じフォルダーにコピーする場合は一度クリックして、カーソルの形を戻し、ライブラリ上で右クリックしてメニューから「貼り付け」を選択、クリックします。

④コピーが完了しました。

別のフォルダーにコピーする

別のフォルダーにコピーする場合は、先の手順③と同じようにライブラリ上を一度クリックして、カーソルの形を戻してから、

④コピー先のフォルダーをクリックして開きます。

⑤ライブラリ上で右クリックして、メニューから「貼り付け」を選択、クリックします。

⑥コピーできました。

クリップをライブラリから削除する

①ライブラリから削除したいクリップを選択します。

②クリップ上で右クリックして表示されるメニューから削除を選択、クリックするか、キーボードの「Delete」キーを押します。

③削除してよいかどうかのウィンドウが表示されます。削除する場合は「はい」をクリックします。

④削除されました。

| Reference | メニューバーからでも |

メニューバーの「編集」→「削除」でも同様に削除できます。

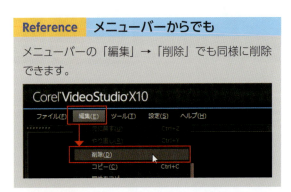

| Reference | サムネイルを削除しますか？ |

サムネイルとは縮小表示された見本画像のことをいいますが、削除されるのはこのライブラリにあるサムネイルであり、ファイル本体がパソコンからなくなるわけではありません。

クリップのリンク切れを修正する

　元のクリップのファイル名を変更したり、保存場所を移動したりするとVideoStudio X10がファイルの場所を認識できなくなり、ライブラリやタイムラインのクリップにリンク切れのサインが表示されます。

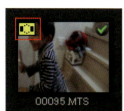
リンク切れのサイン

タイムラインではこうなる

ライブラリのクリップを再リンクする

①リンクの切れたファイルを選択します。

②メニューバーの「ファイル」から「クリップの再リンク」をクリックします。

③「クリップの再リンク」ウィンドウが開くので、「再リンク」をクリックします。

④元のファイルを指定して「開く」をクリックします。

⑤リンク切れのサインが消えました。

Point
ここで「削除」をクリックするとライブラリからリンクの切れたサムネイルが削除されます。

◯ タイムライン上のリンク切れを再リンクする

　先の方法でライブラリのリンク切れは解消されましたが、このとき編集中でタイムラインにこのクリップが使用されていた場合、タイムライン上ではリンクが切れたままになっています。その場合はこのクリップをライブラリから再度配置するか、タイムラインのクリップを選択して先の手順と同じ方法で「再リンク」する必要があります。

Reference	ライブラリから再度配置する

ライブラリでリンク切れを解消した該当のクリップをドラッグします。キーボードの「Ctrl」キーを押して、「クリップを置き換え」の表示を確認してドロップします。「Ctrl」キーの操作をしないと、そのクリップは置き換えたいクリップの前後に挿入されてしまいます。

そうしないと…

ライブラリ マネージャーを活用する

　ライブラリはその状態をまるごと保存することができます。自分が作ったオリジナルタイトルやトリミングしたクリップなどをそのまま保存することができます。

◯ ライブラリの出力

①メニューバーの「設定」から「ライブラリ マネージャー」→「ライブラリの出力」をクリックします。

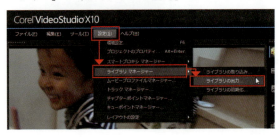

②「フォルダーの参照」ウィンドウが開きます。

③出力されるファイルは数が多いので、専用のフォルダーを作成することをおすすめします。ここでは「ライブラリ保存」というフォルダーを用意しました。フォルダーを選択して「OK」をクリックします。

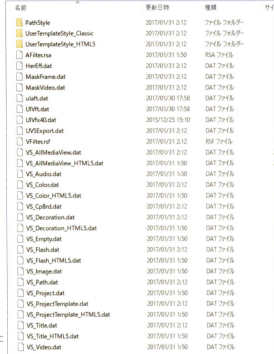

保存されたファイル

④「メディアライブラリが出力されました。」のウィンドウが表示されるまで待ち、「OK」をクリックします。

ライブラリの取り込み

保存したライブラリを復元する場合は「ライブラリの取り込み」を実行します。

①メニューバーの「設定」から「ライブラリ マネージャー」→「ライブラリの取り込み」をクリックします。

②「フォルダーの参照」ウィンドウが開くので、ライブラリが保存してあるフォルダーを選択して、「OK」ボタンをクリックします。

フォルダーを指定する

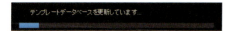
③取り込んでいます。

④「メディアライブラリが取り込まれました。」のウィンドウが表示されるまで待ち、「OK」をクリックします。

⑤ライブラリが取り込まれ、追加したフォルダーも復元されました。

◯ ライブラリを初期化する

ライブラリをリセットして、初期設定に戻すこともできます。

①メニューバーの「設定」から「ライブラリ マネージャー」→「ライブラリの初期化」をクリックします。

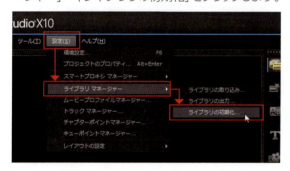

②初期化をしてよいかどうかの確認が表示されるので、「OK」をクリックします。

③「メディアライブラリがリセットされました。」ウィンドウが表示されるまで待ち、「OK」をクリックします。

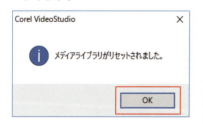

④初期化されました。

Chapter2
「取り込み」ワークスペース編
PCに素材（データ）を取り込もう

カメラから素材となる動画や写真をパソコンに取り込み、VideoStudio X10で編集を始める準備をします。

01 ビデオカメラから動画を取り込んでみよう
02 VideoStudio X10 経由で取り込む
03 スマホの動画と写真を取り込んでみよう
04 VideoStudio X10 に
　　パソコンに保存されたメディアファイルを取り込む

Chapter2
01 ビデオカメラから動画を取り込んでみよう

VideoStudio X10で動画編集を開始するためには、素材となる動画や写真、音楽などのデータが必要です。

VideoStudio X10に素材を取り込むまで

編集作業を開始するにはVideoStudio X10のライブラリに素材を読み込んで、データを自由に扱えるようにする準備が必要です。

VideoStudio X10で扱えるファイル形式

まず、VideoStudio X10で扱うことができるファイル形式を確認しておきましょう。

サポートされているビデオ形式	
入力	AVCHD、DV、HDV、AVI、MPEG1/-2/-4、DVR-MS、DivX[※1]、SWF[※1]、UIS、UISX、M2T、M2TS、TOD、MOD、M4V、WebM、3GP、WMV、暗号化されていないDVDタイトル、MOV（H.264）、MKV、XAVC、MXF[※2]、HEVC（H.265）[※3]、360°ビデオ（Equirectangular形式）
出力	AVCHD、DV、HDV、AVI、MPEG1/-2/-4、UIS、UISX、M2T、WebM、3GP、HEVC（H.265）、WMV
サポートされている画像形式	
入力	BMP、CLP、CUR、EPS、FAX、FPX、GIF87a、IFF、IMG、JP2、JPC、JPG、MAC、MPO、PCT、PIC、PNG、PSD、PXR、RAS、SCT、SHG、TGA、TIF/TIFF、UFO、UFP、WMF、PSPImage、Camera RAW、001、DCS、DCX、ICO、MSP、PBM、PCX、PGM、PPM、SCI、WBM、WBMP
出力	BMP、JPG
サポートされているオーディオ形式	
入力	AC3、MP3、MPA、MOV、WAV、WMA、MP4、M4A、Aiff、AU、CDA、AMR、AAC、OGG
出力	AC3、M4A、OGG、WAV、WMA

※1 このオプションを有効にするには対応するドライバ/コーデックをインストールする必要があります。
※2 ULTIMATEのみ対応
※3 サポートにはWindows 10および対応するPCハードウェアまたはグラフィックカードが必要です。

ビデオカメラとパソコンの接続

　撮影した動画をパソコンに取り込みます。カメラの種類やメーカーによって、接続するためのケーブルなどに多少の違いがありますが、おおむね次のとおりです。くわしくはカメラのメーカーの取扱説明書をご覧ください。

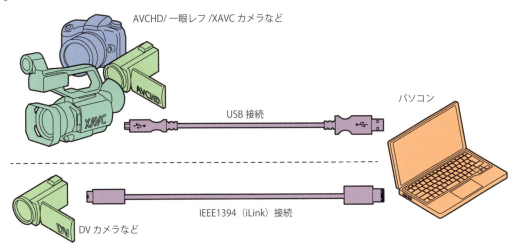

> **Reference** DVカメラの読み込みについて
>
> DVカメラは基本的に「IEEE1394」を利用して、パソコンに取り込みますが、IEEE1394は古い規格になってしまい、現在発売されているパソコンにはあまり搭載されていません。また Windows 10 では DV／HDV カメラのサポートがされない場合もあり、現状では活用するのは難しいかもしれません。お手持ちの機器の対応状況についてはパソコンメーカー、カメラメーカーのサポートにお問い合わせください。

カメラの動画や写真データをパソコンに保存する

　AVCHDカメラや一眼レフカメラとパソコンをつないで、データをパソコンのフォルダーにコピーして保存します。

🟢 AVCHDカメラをパソコンと接続する

① AVCHDカメラとパソコンを USB ケーブルで接続します。

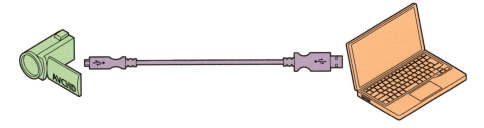

②ビデオカメラの電源を入れます。このカメラではカメラ側の液晶画面の「USB接続」を選択します。

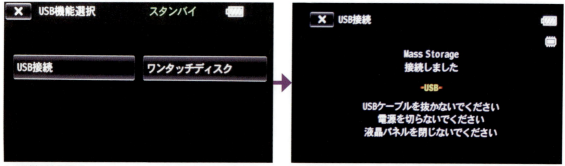

カメラ側の液晶画面　　　　　　　　　　　　　　　　　接続されました

> **Point**
>
> この時点で Windows 10 の「フォト」などのソフトが起動した場合は「キャンセル」で終了します。

> **Reference**　取扱説明書を確認する
>
> ここではソニー製のビデオカメラを使用して説明しています。カメラメーカーによって USB 接続の手順が異なりますので、必ずカメラの取扱説明書をご確認ください。

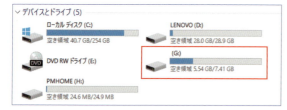

③リムーバブルディスクとしてパソコンに認識されます。

> **Point**
>
> ここでは（G:）となっていますが、これは接続したパソコンによって、自動的に割り振られるので、変化します。

> **Point**
>
> リムーバブルディスクとは取り外し可能な外部記憶装置のことです。

④動画や写真はカメラ内の以下の場所に保存されています。

動画の保存場所
「(G:) AVCHD カメラ」→「AVCHD」→「BDMV」→「STREAM」→動画データ

「STREAM」内の動画データ

写真の保存場所
「(G:) AVCHD カメラ」→「DCIM」→写真データ

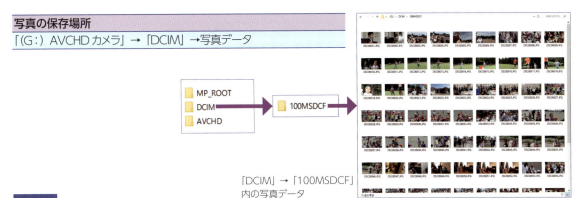

「DCIM」→「100MSDCF」
内の写真データ

> **Point**
> カメラ内のデータの保存場所のフォルダー名は、メーカー間でも統一されているので、動画データは「STREAM」内、写真データは「DCIM」内に必ずあります。

⑤必要なデータをパソコンの任意の場所にドラッグアンドドロップします。ここではパソコンの「ビデオ」フォルダー内に「ビデオ編集」というフォルダーをあらかじめ作成して、保存しています。

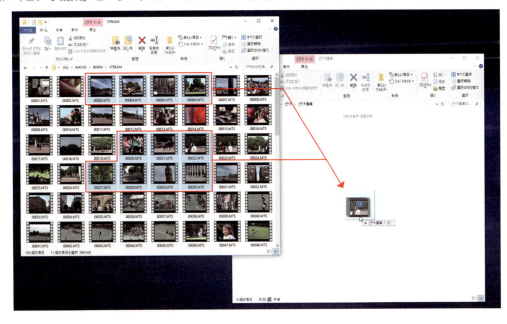

> **Point**
> ファイルを選択するときにキーボードの「Shift」キーや「Ctrl」キーを押しながらクリックすると効率的です。

> **Point**
> 写真データも同様の方法でパソコンに保存できます。

　これでパソコンに素材となるデータを保存することができました。これらの素材をVideoStudio X10に取り込む方法は2-04（→ P.56）をご覧ください。

Windows のインポート機能を使って取り込む

　パソコンと AVCHD カメラや一眼レフカメラをはじめてパソコンに接続すると、図のようなメッセージが表示されます。ここでは一眼レフカメラを接続した場合を例に、解説します。

①一眼レフカメラとパソコンを USB ケーブルで接続します。

②メッセージをクリックします。

③ Windows 10 に搭載されている「フォト」を選択します。

④カメラ内の動画や写真が読み込まれるので、インポート（保存）したいものを選択して「続行」をクリックします。

⑤「インポート」をクリックします。

> **Point**
> インポート先のフォルダーを変更したい場合は、ここをクリックしてフォルダーを指定します。

⑥パソコンに保存されました。

　以上のような操作でパソコンに、ビデオ編集用の素材となる動画や写真（VideoStudio X10ではクリップと呼びます）が保存されました。これらの素材をVideoStudio X10に取り込む方法は2-04をご覧ください。

> **Reference　外部記憶装置に保存するときの注意**
>
> ここではデータをパソコン本体に保存しています。もちろんデータは外付けのHDDやUSBメモリに保存することも可能です。しかしその場合は注意が必要です。パソコンとそれら外部記憶装置を常時接続しているのなら特に問題はありませんが、一旦接続を解除し、再度つないだときに以前と状況が異なっており、外部記憶装置のドライブレター（D:とかG:などの最初の文字のこと）が変更されている場合があります。そうするとVideoStudio X10がファイルを認識できなくなり、「リンク切れ」という状態になります。リンク切れを起こさないようにファイルの保存場所はよく把握しておきましょう。リンク切れを起こしたときの対処法（→ P.35）

Chapter2
02 | VideoStudio X10 経由で取り込む

データを VideoStudio X10 経由で取り込む方法です。

　データをカメラから VideoStudio X10 経由で直接ライブラリに取り込みます。AVCHD カメラなどからであれば、データが保持している撮影日の情報を取り込むことが可能です。

AVCHD カメラから取り込む（デジタルメディアの取り込み）

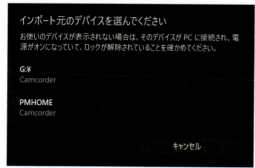
終了させる

　AVCHD カメラとパソコンを、USB ケーブルで先につないでおきます。このとき「Windows のインポート機能を使って取り込む」設定をしている場合は自動で「フォト」などのソフトが起動する場合がありますが、ここでは必要ないので「キャンセル」で終了させます。

　パソコンがビデオカメラをリムーバブルディスクとして認識していることを確認します。

VideoStudio X10 を起動する

　初期設定では「ようこそ」のタブの画面で起動します。その場合は「編集」ワークスペースに切り替えます。

① 「ようこそ」画面を「編集」ワークスペースに切り替える。

「編集」タブをクリック

46

②あとからデータの管理がしやすいように、ライブラリに保存用のフォルダーを作成します。「+追加」をクリックします。

③ライブラリに新しいフォルダーが追加されるので、好きなフォルダー名を入力します。

ここでは「動物園」と入力

④タブで「取り込み」ワークスペースに切り替えます。

「取り込み」ワークスペースに切り替える

⑤「デジタルメディアの取り込み」をクリックします。

⑥「フォルダーの参照」ウィンドウが開くので、ビデオカメラのフォルダー（リムーバブルディスク）の「+」をクリックして中身を表示し、「AVCHD」にチェックを入れて「OK」をクリックします。

Point
同時に複数のフォルダーを指定できます。

Reference　有効なコンテンツが存在しません

ビデオカメラの機種によっては「有効なコンテンツが存在しません」と表示される場合があります。その場合は⑥で「AVCHD」のフォルダーの「+」をクリックして、中身を表示させ、「STREAM」フォルダーを指定してください。なお写真データは「DCMI」フォルダーにあります。ここでもデータが見つからない場合は同じように、その中身のフォルダーを指定してください。動画データと写真データは同時に取り込むことが可能です。

⑦指定したフォルダー名であることを確認して、「開始」をクリックします。

⑧次にまた別の「デジタルメディアから取り込み」ウィンドウが開くので、取り込みたいクリップの左上にあるチェックボックスをチェックします。（→P.51）

チェックしたクリップが読み込まれる

⑨右下にある「取り込み開始」をクリックして取り込みを開始します。

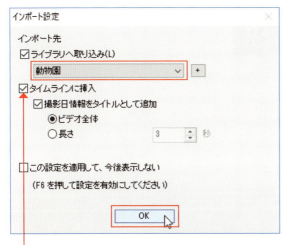

⑩次に「インポート設定」ウィンドウが開きます。ライブラリに先ほど作成したフォルダー名が合っているかを確認し、「OK」をクリックします。

Reference　インポート設定

「タイムラインに挿入」にチェックを入れると、ライブラリと同時に「タイムライン」(→ P.71) にも取り込まれます。その下の「撮影情報をタイトルとして追加」もチェックしておくと、撮影日の日付が動画の右下にタイトルとして追加されます。

⑪チェックを入れた動画が取り込まれました。

　VideoStudio X10 のライブラリに素材の取り込みが完了しました。「編集」ワークスペースで編集を開始しましょう。(→ P.60)

49

Reference 「編集」ワークスペースでも…

実はこの「取り込み」のコマンドは「編集」ワークスペースからも呼び出すことができます。

①ツールバーの「記録/取り込みオプション」をクリックします。

②開いたウィンドウから各アイコンをクリックで実行します。

囲みは共通の項目（「編集」ワークスペースのアイコン）

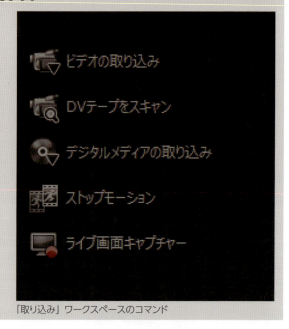

「取り込み」ワークスペースのコマンド

Point

一眼レフカメラのデータを VideoStudio X10 経由で取り込む場合も、同様です。

「デジタルメディアから取り込み」ウィンドウ

48ページの⑧で表示される「デジタルメディアから取り込み」ウィンドウでは、細かい設定や確認ができます。

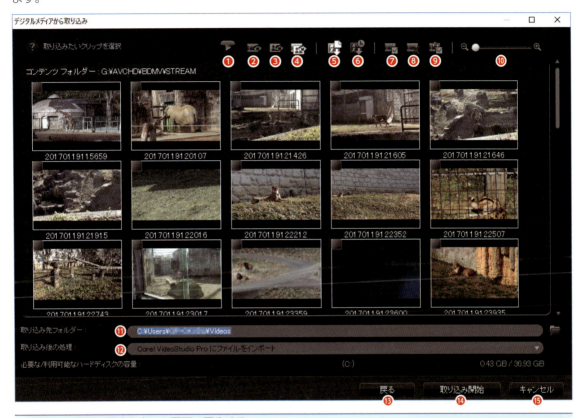

❶ 選択した動画や写真を大きな画面で再生する。
❷ ビデオクリップのみ表示する。
❸ 写真クリップのみ表示する。
❹ すべてのクリップを表示する。
❺ フォルダー名で並び替える。
❻ 作成日時で並べ替える。
❼ すべてのクリップを選択する。
❽ すべての選択を解除する。
❾ 選択範囲を反転する。
❿ サムネイルのサイズを拡大／縮小する。
⓫ 取り込み先フォルダー（フォルダーアイコンで変更可能）。
⓬ Corel VideoStudio Pro にファイルをインポート（選択不可）。
⓭ 「デジタルメディアから取り込み」ウィンドウに戻る。（手順⑦）
⓮ 取り込みを開始する。
⓯ 取り込みをキャンセルする。

Chapter2
03 スマホの動画と写真を取り込んでみよう

iPhoneやAndroidなどのスマートフォンから動画や写真を取り込みます。

iPhoneで撮ったビデオや写真を保存する

　以前はパソコンに「iTunes」というソフトがインストールされていないと、データを取り込むことができませんでした。しかし今は外部ストレージとしてすぐに認識されるようになっており、簡単になりました。ここではWindowsに標準で搭載されている「フォト」を利用して読み込みます。

Point
パソコンからiPhoneに動画などを転送する場合は、「iTunes」のインストールは必須です。

①パソコンとiPhoneをLightningケーブルで接続します。

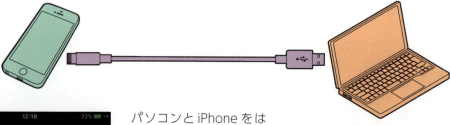

　パソコンとiPhoneをはじめて接続したときは、iPhoneに左図のようなメッセージが表示されます。「許可」をタップして、パソコンからiPhoneのデータにアクセスできるようにすれば、次回からは表示されません。

②スタートメニューから「フォト」を起動します。

52

| Reference | 自動で「フォト」が起動するようにする |

パソコンとiPhoneやAndroidをつないだときに自動で「フォト」が起動するように設定することもできます。くわしくは「2-01Windowsのインポート機能を使って取り込む(→P.44)」を参照してください。

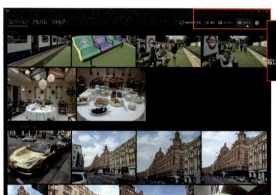

③インポートをクリックします。

④インポート元のデバイスとして「Apple iPhone」を選択します。

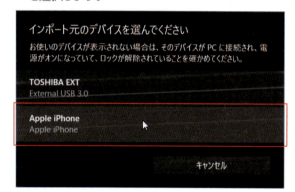

⑤パソコンに保存したいものを、表示される画像から判断してチェックを入れ、「続行」をクリックします。

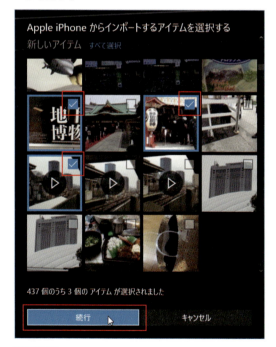

⑥インポート開始の確認画面が表示されるので、インポート(保存)先などを確認し、「インポート」をクリックします。

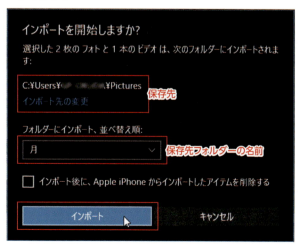

| Point |

動画(MOV形式)も写真(JPG形式)も同時に読み込み可能です。

⑦「フォト」に読み込まれ、ファイルはパソコンの「ピクチャー」フォルダー（初期設定）に保存されました。

「フォト」の画面

パソコンに保存された
データファイル

Androidで撮ったビデオや写真を保存する

　iPhoneではWindowsのインポート機能を使って、データをパソコンに保存しました。ここではもうひとつの方法でパソコンにデータを保存します。現在主流のスマートフォンならどちらの方法でも利用することが可能です。

① Androidとパソコンを対応しているケーブルで接続します。

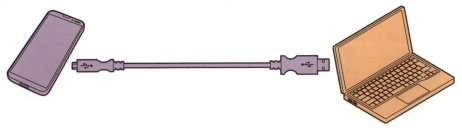

Point

ここではスマートフォンで説明していますが、iPadなどのタブレット端末（Windowsタブレットは除く）でも同様の操作で動画や写真を取り込むことができます。

54

② Androidのアイコンをダブルクリックして開きます。表示されるアイコンを順に開いていきます。Androidで撮影した写真や動画データは「DCIM」フォルダーの中にあります。

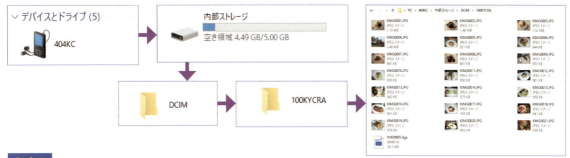

Point

「DCIM」内は機種によって違いがありますが、データは必ずここにあります。

③ 「DCIM」フォルダーのデータをパソコンに保存します。ここではパソコンに「Android」というフォルダーをつくって、ドラッグアンドドロップでコピーしています。

保存したデータ（素材）で動画編集

パソコンに保存したiPhoneやAndroidで撮影した動画や写真はVideoStudio X10のライブラリに読み込んで、通常の編集ができます。

VideoStudio X10で編集中

Point

編集、完成した動画をスマホで見る方法（→ P.136）

Chapter2
04 VideoStudio X10にパソコンに保存された メディアファイルを取り込む

素材をVideoStudio X10に取り込みます。

　この章ではここまでビデオカメラやスマートフォンなどで撮影したビデオや写真を、パソコンに取り込む方法を解説してきましたが、ここではそれらのデータをVideoStudio X10に読み込む方法をまとめます。

「メディアファイルを取り込み」を利用する

① VideoStudio X10を起動して「編集」ワークスペースに切り替えます。

② ライブラリにフォルダーを追加します。（→ P.31）

③ 「メディアファイルを取り込み」アイコンをクリックするか、図のようにライブラリの何もないところで右クリックし、「メディアファイルを挿入」をクリックします。

④ 「メディアファイルを参照」というウィンドウが開くので、取り込みたいデータ（ファイル）を指定して「開く」をクリックします。

> **Point**
>
> ファイルはビデオ、写真、音楽など、種類に関係なくVideoStudio X10に対応したものならば、フォルダーに混在していても同時に取り込むことができます。

> **Point**
>
> ファイルを選択するときにキーボードの「Shift」キーや「Ctrl」キーを押しながらクリックすると効率的です。

⑤指定したファイルがライブラリの追加したフォルダーに取り込まれました。

Reference ④「メディアファイルを参照」ウィンドウのボタン

このウィンドウには取り込むファイルの内容を確認するための機能が装備されています。

❶	「自動再生」	選択したファイルが動画の場合は小窓で自動再生される。
❷	「ミュート」	音声が再生されないようにする。
❸	「再生」	動画のときのみ有効。
❹	「情報」	ファイルの詳細データが表示される。
❺	「シーン」	ファイルによってはシーンを検出、取り込む前に分割や結合ができる。
❻	「プレビュー」	クリックすると動画なら1コマ目、写真が上部に表示される。

「デジタルメディアの取り込み」を利用してフォルダーごと一括で取り込む

「取り込み」ワークスペースにある「デジタルメディアの取り込み」を「編集」ワークスペースで呼び出して使用します。

①ツールバーの「記録／取り込みオプション」をクリックします。

②「記録／取り込みオプション」ウィンドウが開くので「デジタルメディア」アイコンをクリックします。

③「フォルダーの参照」ウィンドウが開くので、パソコン内の取り込みたいフォルダーを指定します。

④「デジタルメディアから取り込み」ウィンドウが開くので、取り込みたいフォルダーであるかどうかを確認して「開始」をクリックします。

⑤④とは別の「デジタルメディアから取り込み」ウィンドウが開くので、取り込みたいクリップにチェックを入れ、「取り込み開始」をクリックします。

Reference　「フォルダーの参照」ウィンドウが開かない

以前に同様の操作をして、データを取り込んだことがある場合、③の「フォルダーの参照」ウィンドウが開かず、次の④の「デジタルメディアから取り込み」ウィンドウが開くことがあります。そのときは④で読み込もうとしているフォルダー名のところをダブルクリックしてください。

Reference　オーディオデータは取り込まれない

この方法だとオーディオデータは同じフォルダーにあっても、読み込まれません。オーディオデータはこの項冒頭の「メディアファイルを取り込み」を利用して取り込みましょう。

⑥ライブラリに取り込まれました。

ドラッグアンドドロップでライブラリに取り込む

VideoStudio X10 のライブラリにドラッグアンドドロップをして、取り込むことも可能です。

ライブラリに取り込まれました

Chapter3
「編集」ワークスペース編 基本動画編集テクニック

さあ、楽しい動画編集を始めましょう。
VideoStudio X10の基本的な使い方を解説します。

01 ストーリーボードビューとタイムラインビュー
02 大まかな編集に実力を発揮する「ストーリーボードビュー」
03 本格的に編集するなら「タイムラインビュー」
04 多彩な演出を可能にする「トラック」
05 トラックをロックする「リップル編集」
06 使いたいシーンを選別する「トリミング」
07 クリップの分割、オーディオの分割
08 シーンとシーンを切りかえる「トランジション」
09 クリップに特殊効果をかける「フィルター」
10 文字を挿入して動画をレベルアップする「タイトル」
11 名場面を劇的に盛り上げる「オーディオ」
12 知っておくと便利！クリップの属性とキーフレームの使い方

Chapter 3

01 ストーリーボードビューとタイムラインビュー

「編集」ワークスペースには2つの顔があります。

　VideoStudio X10 のメイン機能ともいえる「編集」ワークスペース。「ストーリーボードビュー」と「タイムラインビュー」を適宜切り替えて作業を進めます。

ストーリーボードビュー

　クリップの再生する順番を入れ替えたり、新たに加えたり、削ったりなどの操作が簡単にできるモードです。同じ作品でもクリップの順番を入れ替えるだけで、その印象は大きく変わります。大雑把にストーリーを練り上げるのに最適なモードです。

ビューの切り替え

タイムラインビュー

　編集作業でメインとなる「編集」ワークスペースの中でも、一番使用するのがこの「タイムラインビュー」です。クリップを切ったりつなげたり、映像に特殊効果をほどこしたり、動画の多彩な演出を可能にし、クリエイティブな環境を提供します。

Reference	ビューの切り替えボタン

ストーリーボードビューとタイムラインビューの切り替えは、図のボタンで簡単におこなえ、各ビューを行ったり来たりすることが可能です。

左がストーリーボードビュー、右がタイムラインビュー

Chapter3
02 大まかな編集に実力を発揮する「ストーリーボードビュー」

クリップの再生順を入れ替えて、おおまかな全体の構成を組み立てます。

ストーリーボードビューに切り替える

①通常「編集」ワークスペースを起動すると「タイムラインビュー」モードで表示されます。

Point
ここではすでにライブラリにクリップを取り込んでいます。(→ P.56)

②「ストーリーボードビュー」ボタンをクリックして、「ストーリーボードビュー」モードに切り替えます。

③ストーリーボードビューに切り替わりました。

必要なクリップを並べる

① 「ここにビデオクリップをドラッグ」とあるところに、クリップをライブラリからドラッグアンドドロップを繰り返して、並べていきます。

Point
複数のクリップを選択したいときは、キーボードの「Ctrl」キーや「Shift」キーを同時に使用します。

② ここでは6つのクリップを並べています。

Reference　ライブラリのクリップにチェックが入る

ストーリーボードにクリップを並べると、ライブラリにあるクリップのサムネイルにチェックが入ります。いまどのクリップを使っているかがすぐにわかります。これはタイムラインビューでも同様です。

Point
サムネイルとは縮小表示された見本画像のことをいいます。

| Reference | クリップやプロジェクトの長さ |

配置したクリップを見てみると左上には「クリップの順番」を表す数字、下にはそのクリップの長さが時間で表示されています。また全体の長さはツールバー右端にある「プロジェクトの長さ」で確認できます。

プロジェクト（全体）の長さ

| Point |

VideoStudio X10 では実行中の編集作業のことを「プロジェクト」と呼びます。

| Reference | 時間の表示の読み方 |

ツールバーにある「プロジェクトの長さ」やプレビューの下にあるタイムコードなど VideoStudio X10 ではいたる所に時間の表示があります。この表示の数字は図のように左から「時間：分：秒：フレーム数」を表しています。通常の動画では 1 秒間に 30 コマ（正確には 29.97 コマ）の静止画を連続で表示して、動いているように見えます。このフレーム数は 29 コマから 30 コマになるときに秒が 1 加算されます。

10 秒の 25 コマ目を表示している

不要なクリップを削除する

不要なクリップを削除する場合は、そのクリップを選択してキーボードの「Delete」キーを押すか、右クリックして表示されるメニューから「削除」を選択、クリックします。

右クリックでメニューを表示

クリップの順番を入れ替える

　クリップの順番を入れ替えたいときは、そのクリップを選択してドラッグし、白い縦線が表示されるのを確認して、ドロップします。これで再生される順番が入れ変わります。

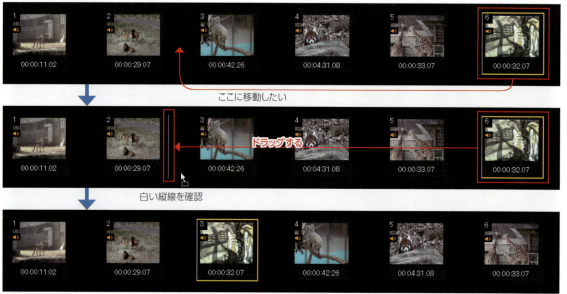

ドロップして移動完了

既存のクリップを別のクリップと置き換える

　配置されているクリップを、ライブラリパネルにある別のクリップと置き換える方法です。

「クリップを置き換え」に変わる

①既存のクリップの上にライブラリから別のクリップを、ドラッグします。

②ドロップする前にキーボードの「Ctrl」キーを押して、表示が「クリップを置き換え」に変わるのを確認して実行します。

64

③既存のクリップと別のクリップが置き換わりました。

Point
単なるドラッグアンドドロップだと既存のクリップのあとに挿入されます。

Reference 別のクリップが既存のクリップより短いと…

置き換えることはできません。
その場合は通常の操作で新しいクリップを追加し、不要なクリップを削除します。

ストーリーボードビューでトランジションを設定する

　トランジションは、クリップとクリップの間に挿入してスムーズな場面転換を演出する効果です。時間経過などを表すときなどによく用いられます。

○ クロスフェードを用いる

　ここでは「クロスフェード」を使用しています。前の画面が徐々に透明になっていき、逆に次の画面の絵がどんどん濃くなっていき、場面転換を図ります。

「F/X」の「クロスフェード」を使用

①ライブラリパネルをツールバーのトランジションをクリックして切り替えます。

②切り替わったらプルダウンメニューを表示して、「F/X」を選択します。

③「クロスフェード」を選択して、挿入したいクリップとクリップの間にある□にドラッグアンドドロップします。

④トランジションが適用されました。

⑤プレビューで再生して確認します。

Point

適用した結果を確認するときは「Project」モードで再生します。

◯ トランジションをカスタマイズする

トランジションの中には、その効果の設定を変更（カスタマイズ）できるものがあります。

①挿入したトランジションを選択して、右クリックし、「オプションパネルを開く」を選択、クリックします。

②ライブラリパネルにオプションパネルが表示されます。

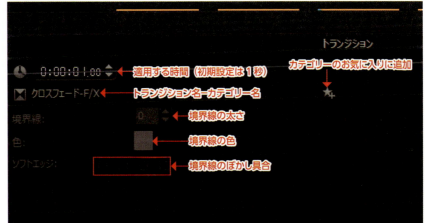

Point

カスタマイズできる項目は、トランジション毎に異なります。「クロスフェード」の場合は適用時間のみ変更できます。

Reference　ライブラリのアニメーションを無効にする

ライブラリパネルに表示されるトランジションは、効果がわかりやすいようにアニメーションの動作をくりかえし表示しています。この動きを止めて表示することができます。「メニューバー」にある「設定」から「環境設定」→「全般」タブとクリックをしていき、「ライブラリのアニメーションを有効にする」のチェックをはずします。「環境設定」にはそのほかにもいろいろな設定を変えることができるので、何もなくても開いてみることをおすすめします。なおキーボード「F6」をクリックすると、すぐに開くことができます。

◯トランジションを削除する

トランジションを削除する方法です。

カスタマイズのときと同じように、削除したいトランジションを選択して、右クリックし、削除を選択するか、キーボードの「Delete」キーをクリックします。

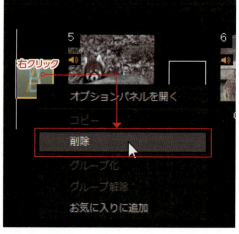

右クリックでメニューを表示する

◯トランジションを置き換える

設定したトランジションを変更したい場合は、適用したい新しいトランジションを元あるトランジションのところへドラッグアンドドロップします。そうすると元のトランジションと置き換えることができます。

Chapter3

03 | 本格的に編集するなら「タイムラインビュー」

タイムラインビューでの編集を解説する前に、VideoStudio X10 の画面の操作ボタンの機能を解説します。

タイムラインビューのツールバーのアイコン

Reference　ツールバーは共通

タイムラインビューでもストーリーボードビューでもツールバーの機能は同じです。
異なっているのはタイムラインパネルのレイアウトです。
状況に合わせて使い分けてください。
ただしストーリーボードビューでの編集には適さない、たとえば「サウンドミキサー」などを選択すると、自動でタイムラインビューのパネルに切り替わります。

自動で切り替わる

①タイムラインの上部に位置するアイコン

❶	ストーリーボードビュー	ストーリボードビューに切り替える。
❷	タイムラインビュー	タイムラインビューに切り替える。
❸	元に戻す	一つ前の手順に戻す。
❹	やり直し	元に戻した手順をやり直す。
❺	記録／取り込みオプション	いろいろなメディアの取り込みができる。
❻	サウンドミキサー	サウンドの設定を調整する。
❼	オートミュージック	ビデオの長さに合わせた BGM を設定する。
❽	モーショントラッキング	モーショントラッキングの設定をする。
❾	字幕エディター	字幕を編集する。
❿	マルチカメラ エディタ※	複数台のカメラで撮影した映像を切り替えながら編集する。
⓫	タイムリマップ【新機能】	再生速度をスローにしたり高速にしたり、画像を切り出したりできる。
⓬	ズームイン / ズームアウト	タイムラインの表示を拡大 / 縮小できる。
⓭	プロジェクトに合わせる	プロジェクト全体の表示をすべて表示する。
⓮	タイムコード	プロジェクト全体の時間を表紙する。

※ X9 から搭載された機能

Point
上位版の ULTIMATE にはこれに加えて「マスククリエーター」が搭載されています。（→ P.164）

②ライブラリパネル横の縦に並んだアイコン

❶	メディア	ライブラリにあるメディアを呼び出す。
❷	インスタントプロジェクト	クリップを入れ替えるだけで本格的な動画を作れる。
❸	トランジション	トランジション（場面転換）のエフェクトを設定する。
❹	タイトル	タイトルを設定する。
❺	カラー／装飾	カラーパターンやアニメーションを呼び出せる。
❻	フィルター	特殊効果を設定する。
❼	パス	パスに沿ったクリップの動きを設定できる。

※この画像は合成です。各アイコンは選択したときのみ金色になります。

③ライブラリパネルのアイコン

追加	新規フォルダーを追加	ライブラリに新規フォルダーを追加する。
参照	エクスプローラでファイルを参照	エクスプローラーでファイルの場所を探すことができる。

70

❶	メディアファイルを取り込み	ライブラリにメディアファイルを取り込める。
❷	ビデオを表示	ライブラリのビデオファイルの表示／非表示を切り替える。
❸	写真を表示	ライブラリの写真ファイルの表示／非表示を切り替える。
❹	オーディオファイルを表示	ライブラリのオーディオファイルの表示／非表示を切り替える。
❺	その他コンテンツ	追加のテンプレートをダウンロードできる。

❻	タイトルを隠す	ライブラリにあるファイルの名前の表示／非表示を切り替える。
❼	リスト表示	ライブラリにあるファイルをリスト表示にする。
❽	サムネイル表示	ライブラリにあるファイルをサムネイル表示にする。
❾	ライブラリのクリップを並び替え	ライブラリにあるクリップをいろいろな条件で並び替える。
❿	拡大／縮小	ライブラリにあるクリップのサムネイルを拡大／縮小ができる。

④タイムラインパネルの名称と役割

タイムラインビューでもっとも特徴的なのが、タイムラインパネルです。細かく見ていきましょう。

❶	すべての可視トラックを表示	プロジェクト内のすべてのトラックを表示する。
❷	トラックマネージャー	タイムラインにあるトラックを追加したり削除したりできる。
❸	チャプター／キューポイントを追加／削除	動画にチャプターポイントまたはキューポイントを設定できる。
❹	リップル編集の ON ／ OFF	トラックの状態を維持しながら作業ができる「リップル編集」ON ／ OFF を切り替える。（→ P.79）
❺	トラックボタン	個々のトラックを表示または非表示にする。
❻	タイムラインを自動的にスクロール	ON にすると現在のビューより長いクリップをプレビューするときに、タイムラインに沿ってスクロールを表示する。
❼	スクロールコントロール	左右のボタンまたはスクロールバーをドラッグして、プロジェクト内を移動できる。
❽	選択した範囲	「Project」モードで設定したトリム部分や選択範囲を表すカラーバーが表示される。（※クリップ上のブルーのラインは「モーショントラッキング」（→ P.184）適用時のサインです）
❾	タイムラインルーラー	プロジェクトのタイムコードの増えた分を「時：分：秒：フレーム数」で表示する。
❿	ビデオトラック	ビデオ、写真、グラフィックおよびトランジションなどを配置できる。
⓫	オーバーレイトラック	ビデオトラックの上にビデオ、写真、グラフィックなどを配置できる。タイトルも配置できる。
⓬	タイトルトラック	タイトルクリップを配置する。
⓭	ボイストラック	音声ファイルなどを配置する。オーディオクリップも配置できる。
⓮	ミュージックトラック	オーディオクリップなどを配置する。音声ファイルも配置できる。

プロジェクトをタイムラインに合わせる

　編集中のプロジェクトで扱う動画が長くて、タイムラインパネルに収まり切れず、全体を把握するのが困難なときに使用すると便利な機能です。

プロジェクト全体を見たい

「プロジェクトをタイムラインに合わせる」をクリックします。

タイムラインに全体が収まった

Reference	ズームスライダーで調節する

「プロジェクトをタイムラインに合わせる」の左にあるボタンも、同じ機能を持っています。

虫メガネの「+」を押せば1段階大きくなり、「−」をクリックすれば1段階小さくなります。また間にある「ズームスライダー」を動かせば、自由自在に縮小／拡大をすることができます。

Reference	スクロールコントロール

最下段の「スクロールコントロール」の操作で、タイムラインビューを横に移動させることができます。

クリックして左右に移動　　ドラッグして、いっきに移動

Chapter3
04 多彩な演出を可能にする「トラック」

クリップを配置するタイムラインビューのメインストリームがトラックです。

トラックってなんだろう？

　トラックには「ビデオトラック」「オーバーレイトラック」「タイトルトラック」「ボイストラック」「ミュージックトラック」の5種類があります。
　映画フィルムなどの録音する部分を、サウンドトラックと呼びますが、陸上競技場の走路もトラックといいます。ここでいうトラックも意味は同じで、ビデオやオーディオが走るところということで、そう呼ばれています。

トラックの表示／非表示

　各トラックの左端の部分をクリックすることで、表示／非表示を切り替えることができます。
　非表示にするとプロジェクトモードで再生するときも、そのトラックはプレビューに表示されません。ファイルとして書き出した場合も、そのトラックのビデオや音声はなかったものとして扱われ、反映されません。

トラックの先頭をクリック

網掛けで暗転する

73

トラックの追加 / 削除

トラックは必要に応じて、増やしたり減らしたりできます。方法は二つあります。

図の「トラックマネージャー」をクリックしてウィンドウを表示し、プルダウンメニューから増減の数を決定して「OK」をクリックします。

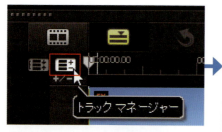

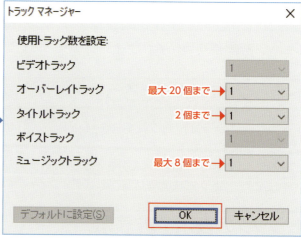

増減したいトラックの先頭で右クリック

またはトラックの先頭（トラックボタン）で右クリックし、表示されるメニューから「トラックを上に挿入」か「トラックを下に挿入」を選択して追加することも可能で、増やしたトラックを削除したい場合は「トラックを削除」を選択、クリックします。

Point
「ビデオトラック」と「ボイストラック」は増減できません。

トラックにクリップを配置する

これが VideoStudio X10 で編集作業を進めるための第一歩です。トラックにクリップを配置します。

①ライブラリからクリップをドラッグアンドドロップします。

②配置されました。

Reference　メッセージが出た

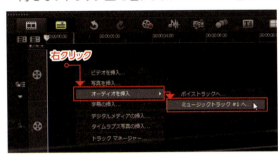

クリップを配置しようとすると、図のようなメッセージが出ることがあります。これはスマートレンダリング（動画の編集による画質の劣化を抑える機能）を有効にするために、配置しようとしているビデオクリップのプロパティ（属性）にVideoStudio X10の設定を合わせて変更してよいかどうかの確認です。
特に問題がなければ、「はい」を選択します。

トラック上で右クリック

何もないトラック上で右クリックしてから、各クリップを選択する方法もあります。

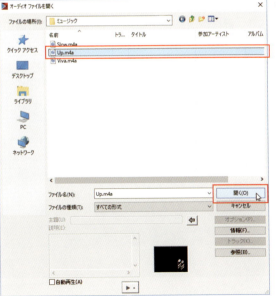

①トラックのクリップが配置されていないところで、右クリックし、挿入したいクリップに合致した項目を選択します。ここでは「オーディオを挿入」を選択しています。

②エクスプローラーの「オーディオファイルを開く」ウィンドウが開くので、挿入したいファイルを選択して「開く」をクリックします。

③ミュージックトラックに配置されました。

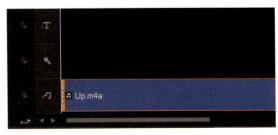

Point
この方法だとライブラリにないファイルをピンポイントで呼び出して、トラックに配置することが可能です。

オーバーレイトラックで広がる凝った演出

メインストリームであるビデオトラックの上に別のビデオや写真を重ねて表示することができるトラックでデジタルビデオ編集の特長的な機能の一つです。

◉ ピクチャー・イン・ピクチャー

テレビ番組でよく見る演出で、出演者の顔を画面の隅に表示するワイプというのがありますが、オーバーレイトラックを使用すれば簡単に再現することができます。

自分のビデオを見る子供たちの反応をあとから挿入

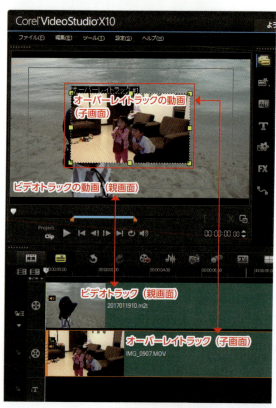

①ビデオトラックにベースとなるクリップ（親画面）、オーバーレイトラックに小窓として表示するクリップ（子画面）をそれぞれ配置します。

②子画面の大きさと位置を調整します。操作はプレビュー画面内で行います。■は拡大・縮小ができ、■は各頂点を個別に変形することができます。また移動は画像の中心をドラッグします。

子画面を調整する

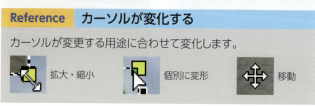

③ここでは子画面の動画の輪郭を円形にするマスクをかけています。オーバーレイのクリップをダブルクリックします。

④ライブラリパネルに「オプション」の「属性」パネルが表示されるので、「マスク&クロマキー」をクリックします。

ライブラリパネルの「属性」パネル

⑤続けて「オーバーレイオプションを適用」にチェックを入れると、「タイプ」のプルダウンメニューが選択できるようになるので、「フレームをマスク」をクリックします。

⑥プリセットが表示されるので、お好みのものを選択、クリックします。

⑦プレビューとオーバーレイトラックで効果が適用されたのが確認できます。

Point
設定した結果を確認するときは「Project」モードで再生します。

Reference 「高度なモーション」で子画面を飾る

子画面の周囲を枠で囲んだり、影をつけたりする場合はオーバーレイトラックのクリップをダブルクリックしてオプション画面を開き、「高度なモーション」を選択します。

そうすると「モーションの生成」ウィンドウが開くので、枠で囲む「境界線」や影をつける「シャドウ」の項目など、詳細を設定します。

Chapter3
05 トラックをロックする「リップル編集」

リップル編集とは、クリップを削除したときにほかのトラックのクリップに影響を与えないようにする便利な機能です。

　VideoStudio X10ではクリップを分割して削除や移動したときに、トラック上に空白ができないように自動でクリップ間を詰めるようになっています。ビデオトラックにそのクリップしかないときは特に問題ありませんが、そのほかのトラックにビデオクリップをはじめ、タイトルやオーディオなど複数のクリップが並んでいる場合は、それら別のトラックにあるクリップの位置がずれてしまい動画の構成が崩れてしまいます。それを防いでくれるのが「リップル編集」という機能です。

リップル編集が OFF のとき

　ビデオトラックの2番目のクリップを削除します。

　削除すると、ビデオトラックのみ左に詰められます。

リップル編集が ON のとき

削除しようとするとアラート（警告）が出ますが、そのまま「はい」をクリックします。

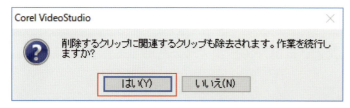

そのほかのトラックも同時に、左に詰められる。

リップル編集の ON ／ OFF の切り替え

切り替えは、図のアイコンをクリックするか、▼をクリックしてメニューを操作します。一括設定、トラックごとに個別に設定することも可能です。

アイコンをクリック　　　　メニューで操作

オブジェクトのグループ化　新機能

　VideoStudio X10 からの新機能です。複数のクリップをグループ化することによって、タイムライン上を同時に移動や削除することができます。

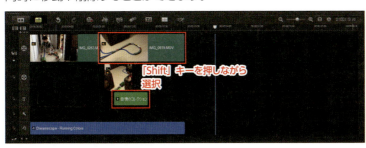

①タイムライン上でグループ化したいクリップをキーボードの「Shift」キーを押しながら、選択します。

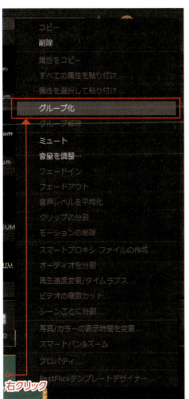

②右クリックで、表示されるメニューから「グループ化」を選択、クリックします。

③どちらかをドラッグすれば、グループ化されたクリップをいっしょに、移動や削除することができるようになります。

④グループを解除したい場合は、クリップを選択して、右クリックし、メニューから「グループ解除」を選択、クリックします。

Chapter3
06 使いたいシーンを選別する「トリミング」

トリミングとはクリップの必要な部分を切り出す作業です。

　切り出すといっても、フィルムのように不要な部分を切り取って捨ててしまうわけではありません。デジタルビデオ編集の世界では元のビデオはそのまま残しておき、必要な部分のみを再生できるように加工していきます。

クリップをタイムラインに配置する

　クリップをタイムラインのビデオトラックに配置します。

配置しました

Point
ここではすでにライブラリに必要なクリップを取り込んでいます。ライブラリに取り込む方法は 56 ページをご覧ください。

方法① プレビューでトリミングする

①プレビューの再生モードが「Clip」モードになっていることを確認します。プレビューのジョグ スライダーを動かして、クリップの必要な部分（残したい箇所の最初のコマ）を探します。

②マークイン（開始点）をクリックします。するとトリムマーカーの左側がその地点に移動します。

③再びジョグ スライダーを動かして、マークアウト（終了点）をクリックします。

④再生して確認してみましょう。

必要な範囲が指定された

Point

結果を確認するとき、通常は「Project」モードで再生するのですが、この場合は「Clip」モードのままで再生してください。「Project」モードで再生すると指定した範囲が確定してしまい、変更ができなくなるので注意してください。

Reference　タイムラインのクリップにも反映される

プレビューでマークイン、マークアウトを指定すると、タイムラインにあるクリップにもその結果が即座に反映されます。

トリミング前のタイムラインのクリップ

トリミング後のタイムラインのクリップ

83

| Reference | プレビューがうまく再生されない場合 |

高画質な動画ファイルは情報量が大きく、非力なパソコンではうまく再生できないことがあります。その場合は「スマートプロキシ」を利用します。これは動作の軽い仮のファイル（プロキシファイル）を作成して、パソコンへの負担を減らす機能です。
作成する動画ファイルは元のデータを使用するため、完成した動画の画質が落ちるということはありません。

メニューバーの「設定」から「スマートプロキシ マネージャー」を選択して、「スマートプロキシを有効にする」をクリックします。

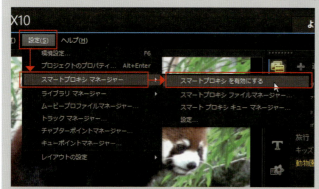

しばらく作業をしていると以下の場所に「スマートプロキシファイル」が作成され、ライブラリやタイムラインにあるクリップにマークが表示されます。

スマートプロキシファイルの保存場所

「ドキュメント」→「Corel VideoStudio Pro」→「X10.0」

スマートプロキシファイルが作成されたマーク

方法② 「ビデオの複数カット」でトリミングする

1本のクリップの中に複数使いたいシーンがある場合は「ビデオの複数カット」を使用します。

①ビデオトラックにあるクリップをダブルクリックします。

Point
ストーリーボードビューでこの機能を使用するには、同様に配置されたクリップをダブルクリックします。

②ライブラリパネルに「オプションパネル」が表示されるので、「ビデオの複数カット」をクリックします。

③「ビデオの複数カット」ウィンドウが開きます。

Reference 「ビデオの複数カット」ウィンドウ

トリミングに必要なおもな部分をご紹介します。

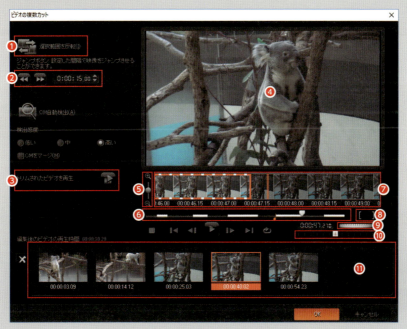

❶ 選択範囲を反転	指定した範囲と指定しなかった範囲を入れ替える。
❷ ジャンプボタン	タイムコードで指定した間隔で映像をジャンプさせる。
❸ トリムされたビデオを再生	指定した部分のみを再生する。
❹ プレビュー	プレビュー再生するウィンドウ
❺ フレーム表示を変更	スライダーを「−」まで下げると1秒ずつ、「+」まであげると1フレームずつ❼に画像を表示する。
❻ ジョグ スライダー	スライダーを左右に動かすことで、フレームの表示を高速で進めたり、戻したりできる。
❼ ビデオを表示	ビデオをフレームに分けて表示する。
❽ マークイン／マークアウト	左が開始点、右が終了点を指定する。
❾ ジョグホイール	左右に動かすことで、高速にビデオの位置を移動する。
❿ 早送り／早戻し	左右にドラッグすることで、ビデオの早送り／早戻しが速度を見ながら実行できる。
⓫ 切り出した画像を表示	指定した範囲の最初の画像を表示する。

85

④プレビューで映像を確認しながら、「マークイン／マークアウト」ボタンで開始点と終了点を指定していきます。指定した箇所はジョグスライダーのバーに、白い帯で表示されます。

⑤「トリムされたビデオを再生」で結果を確認しながら、範囲の指定を繰り返し、最後に「OK」で終了します。

⑥タイムラインには指定した範囲で分割された、クリップが並びます。

| Reference | プロジェクトの長さでもわかる |

ツールバーにある「プロジェクトの長さ」でも、元のクリップの長さが短縮されているのが確認できます。

方法③ ビデオトラックでトリミングする

ビデオトラックに配置した、クリップを直感的にトリミングする方法です。

①ビデオラックにあるクリップをクリックして選択すると、最初と最後に図のようなラインが表示されます。

②このラインをドラッグすると、トリミングすることができます。

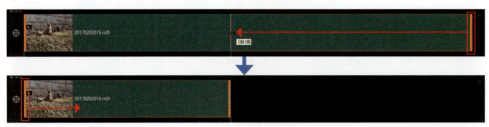

先頭の部分をドラッグすることも可能

Point
この方法はほかのトラックにあるクリップに対しても有効なので、タイトルの表示や音楽の長さを調節するときにも使用できます。

方法④ ライブラリにあるクリップをトリミングする

トラックに配置する前に、ライブラリにあるクリップをトリミングする方法です。

① ライブラリにあるトリミングしたいクリップをダブルクリックします。

② 「ビデオ クリップのトリム」ウィンドウが開きます。操作は先に述べた「ビデオの複数カット」ウィンドウと同じです。ただし複数の指定はできません。

③ 指定範囲が決定したら「OK」をクリックします。

④ ライブラリにトリミングした状態で登録されるので、複数のプロジェクトで利用するときなどに便利です。元のファイルはもちろんそのまま残っています。

Reference 元に戻したい場合は…

「ビデオ クリップのトリム」ウィンドウで図のトリムマーカーを左右に広げて戻します。

Chapter3
07 クリップの分割、オーディオの分割

所定の位置でクリップを分割する方法とクリップから音声を分割する方法です。

　前項のトリミングは必要なシーンを取捨選択して切り出すことですが、ここではフィルムのカットのようにクリップ自体を分割する方法です。

クリップを分割する

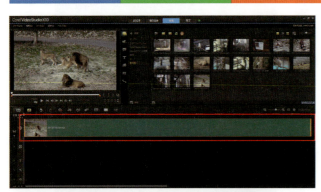

①分割したいクリップをタイムラインに配置しておきます。

②プレビューの下にある「ジョグ スライダー」を動かして、分割したいクリップの適切な位置を探します。

Point
モードは「Project」、「Clip」どちらでもかまいません。

Point
細かい調整はタイムコードや「前のフレームへ」「後のフレームへ」を使用します。

③分割したい位置を見つけたら、「はさみ」アイコンをクリックします。

④クリップが2つに分割されました。

オーディオを分割する

　先ほどは1本のクリップを前後2本に分割しました。今度はクリップを映像部分と音声（オーディオ）部分に分割します。タイムライン上のイメージでは1本のクリップを上下に分割するイメージです。

①タイムライン上にあるオーディオを分割したいクリップを選択して、右クリックします。

②表示されるメニューから「オーディオを分割」を選択してクリックします。

③ボイストラックに分割されたオーディオクリップが配置され、元のクリップのオーディオのマークが「あり」から「なし」に変わりました。

Point

オーディオあり

オーディオなし

Chapter3
08 シーンとシーンを切りかえる「トランジション」

場面のつなぎ目を自然に演出できるのが「トランジション」です。

単にクリップとクリップを並べてつなげると、突然画面が変わってしまい、唐突な感じがします。そこを「ワイプ」や「クロスフェード」などのトランジション（移り変わり）効果でつなぐことで、穏やかに自然に見せることができます。

トランジションの効果を確認する

選択したトランジションがどういう効果なのかは、プレビューで確認することができます。

①ライブラリパネルの表示をトランジションに切り替えます。

②トランジションを選択して、「Clip」モードで再生します。

ツールバーの「トランジション」をクリック

3D 紙吹雪

クリップ間にドラッグアンドドロップする

ストーリーボードビューのときはトランジション用の□のスペースがありました（→P.65）が、タイムラインビューの場合は、特に印はなく、設定したいクリップとクリップの間にライブラリからドラッグして持っていくと、図のように反転表示になります。それを確認してドロップします。

①クリップ間にドラッグアンドドロップします。

90

②トランジションはクリップ間に割り込むような形で、挿入されます。

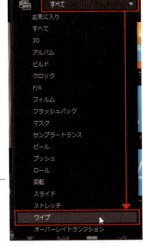

トランジションのカテゴリー

③プレビューの「Project」モードで再生して効果を確認します。ここではカテゴリー「ワイプ」の「サイド」を使用しています。

効果を確認してみる

Reference　適用時間の変更と設定のカスタマイズ

初期設定ではトランジションを適用する長さは1秒で、画面が瞬時に切り替わります。この長さを変更するには、タイムライン上のトランジションをダブルクリックして、オプションパネルを開き、タイムコードを操作します。

そのほか、設定のカスタマイズもこのパネルでおこなうことができますが、変更できる内容はトランジションの種類によって変わります。

境界線と切り替わる方向をカスタマイズしてみた

Point

トランジションを挿入するときにキーボードの「Ctrl」キーを押しながらドロップすると、トランジション自体をクリップとして取り込めます。

トランジションを置き換える

トランジションを置き換える場合は、適用したい新しいトランジションを選択して、タイムラインのすでに適用してあるトランジションの上にドラッグアンドドロップします。

トランジションを削除する

削除する場合はトランジション上で右クリックして、「削除」を選択、クリックするか、選択してメニューバーの「編集」から削除を選択します。

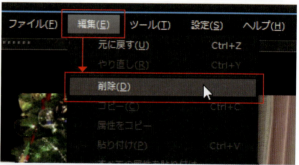

メニューバーから削除

Reference　ムービー全体の長さが変わる

トランジションは流麗な場面の切り替わりを実現します。そのため前のクリップの最後に効果を適用しながら、次のクリップの冒頭にも同じ効果を適用します。つまり3秒のトランジションを利用したとすると、その分だけクリップ同士が重なることになり、ムービー全体の長さが3秒短くなります。

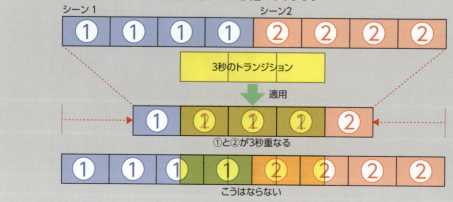

Chapter3
09 クリップに特殊効果をかける「フィルター」

フィルターは動画にさまざまなエフェクト（特殊効果）をほどこす機能です。

　画面上に雨を降らせたり、色彩を変更して味わいのある画面にしてみたりと、いろいろな効果を一瞬にしてかけることができます。

多彩なフィルター

　たくさんあるフィルターの中から、いくつかピックアップしてみました。

フィルター適用前

「メイン効果」－「ゴースト」

「描画効果」－「カラーペン」

「カメラレンズ」－「レンズフレア」

「特殊効果」－「風」

「明暗／色彩」－「カラーバランス」

93

ライブラリを「フィルター」に切り替える

①ツールバーの「フィルター」アイコンをクリックします。

②ライブラリパネルの表示が「フィルター」に切り替わります。

効果を確認する

フィルターの効果はプレビューで確認することができます。

①ライブラリパネルからお好みの「フィルター」を選択します。

②「Clip」モードで再生して確認します。

Point
フィルターによっては実際にクリップに適用しないと、効果が分かりにくいものもあります。

ビデオトラックにドラッグアンドドロップする

①設定したいフィルターをビデオトラックにあるクリップに、ドラッグアンドドロップします。ここではカテゴリー「メイン効果」の「ゴースト」を設定しています。

Point
フィルターはストーリーボードビューでも、ドラッグアンドドロップで設定できます。

②「Project」モードで再生して、効果を確認します。

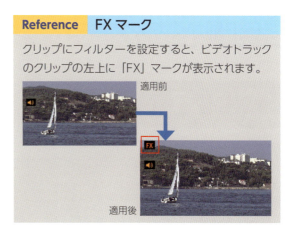

Reference　FXマーク

クリップにフィルターを設定すると、ビデオトラックのクリップの左上に「FX」マークが表示されます。

フィルターをカスタマイズする

フィルターの種類によっては、効果の具合を細かくカスタマイズできるものがあります。

①ビデオトラックのクリップをダブルクリックして、ライブラリパネルのオプションパネルを開きます。

②オプションパネルの「属性」タブで、いろいろな設定をします。

プリセットから選択する

　フィルターによっては、カスタマイズ用のプリセットが用意されています。
　プルダウンメニューでプリセットを表示し、プレビューで効果を確認しながら、気に入ったものを選択します。

Point

プリセットとはあらかじめ設定値が調整された見本のことです。

さらに細かくカスタマイズする

フィルターによってはさらに詳細にカスタマイズすることも可能です。

①プリセットのプルダウンメニュー横の「フィルターをカスタマイズ」アイコンをクリックします。

②フィルター名のカスタマイズ用のウィンドウが開きます。

「ゴースト」のカスタマイズウィンドウ

左側にオリジナル、右側に適用後のプレビューが表示されるので、見比べながらさらに細かい設定ができます。キーフレームを使って詳細に効果を設定することが可能です。キーフレームについては「3-12 知っておくと便利！クリップの属性とキーフレームの使い方」を参照してください。

Reference　他社製のフィルターのカスタマイズ画面

フィルターの中にはいろいろなビデオ編集ソフトに特殊効果のプラグインを提供しているNewBlueFX社製のものもあり、カスタマイズ画面を起動すると、また違ったウィンドウが開きます。

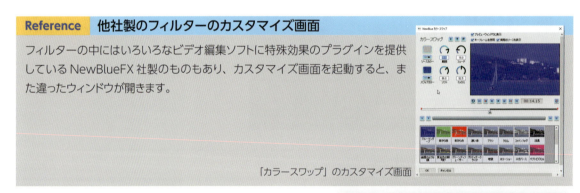

「カラースワップ」のカスタマイズ画面

フィルターを置き換える

フィルターを別のものに置き換える場合は、新しいフィルターをクリップにドラッグアンドドロップします。ただしオプションパネルの「属性」タブの「最後に使用したフィルターを置き換える」にチェックが入っていないと、置き換わらずにそのまま複数のフィルターが適用されます。（初期設定ではチェックが入っています。）

フィルターを複数かける

フィルターは1つのクリップに複数設定することができます。また順番を入れ替えることで、その効果が変わります。

①すでにフィルターをかけたクリップに2つめのフィルターを加えます。ここでは「ゴースト」を設定したクリップに「泡」を加えます。

②オプションパネルの「属性」タブで確認すると、「泡」が加わっています。

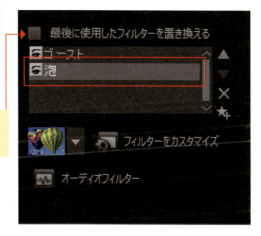

Point
「最後に使用したフィルターを置き換える」のチェックがはずれていないと、複数かけることはできません。

③「属性」タブの上下ボタンで、フィルターの順番を変更します。

フィルターの順番

フィルターの順番を入れ替えると、効果が変化します。

① 「ゴースト」→「泡」

② 「泡」→「ゴースト」

フィルターを削除する

フィルターを削除するには「属性」タブで削除したいフィルターを選択して、「×」ボタンをクリックします。

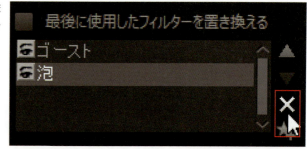

Point

フィルター名の左にある目のアイコンをクリックすると、削除はされませんが効果を無効にすることができます。動画を書き出した場合も反映されません。

クリップを変形する

フィルターの設定とは直接関係はありませんが、「属性」タブには「クリップを変形」というのがあります。ここにチェックを入れるとビデオトラックにあるクリップを変形することができます。

① 「属性」タブの「クリップを変形」にチェックを入れます。

② プレビューに変形用のハンドルが表示されます。

③ このハンドルをドラッグして変形します。■は全体の拡大・縮小ができ、■は各頂点を個別に変形することができます。

Chapter3
10 文字を挿入して動画をレベルアップする「タイトル」

動画に表示される文字をタイトルといいます。

　VideoStudio X10 は動画にタイトルを挿入することも、とても簡単にできます。画だけではわかりにくい場面も解説の文字や字幕を挿入すれば動画の完成度はアップします。プリセットも豊富で、あまり手間をかけずに魅力的な作品に仕上げることができます。

作成例

プリセットを使ってらくらく作成

オリジナルのタイトルで個性豊かに演出

縦書きのタイトルも簡単

プリセットを利用して簡単に作成する

　VideoStudio X10には簡単にタイトルが作成できるように、アニメーションをはじめいろいろな設定がされたプリセットがたくさん用意されています。文字を差し替えれば見栄えの良いタイトルがすぐに作れます。

①タイトルを挿入したいクリップをビデオトラックに配置し、再生またはジョグスライダーを動かして、タイトルを挿入したい箇所を見つけます。

②ツールバーの「タイトル」アイコンをクリックします。

③プレビューには「ここをダブルクリックするとタイトルが追加されます」と表示され、ライブラリパネルはプリセットのタイトルが表示されます。

④ライブラリパネルにあるプリセットのタイトルの中から、お好みのものを探します。

Point
選択すると、どんなタイトルなのかをプレビューで確認できます。

⑤「タイトルトラック」にライブラリパネルからドラッグアンドドロップします。

Point
タイトルは「オーバーレイトラック」に配置することもできます。

⑥配置したタイトルのプリセットをダブルクリックします。

⑦プレビューにタイトルが表示されます。

⑧プレビュー内で変更したい文字列をダブルクリックして、文字が点線のみで囲まれた状態にします。

⑨キーボードの「Back space(バックスペース)」キーを押して、文字を削除します。

⑩文字を入力します。

ここでは「The」と入力

> **Point**
> 文字列の何文字目をクリックするかによって、⑨の削除が始まる位置が変わるので、キーボードの←→で調整します。

⑪入力した文字を確定するには、プレビューウィンドウの何もないところ(図の赤いエリア)をクリックします。

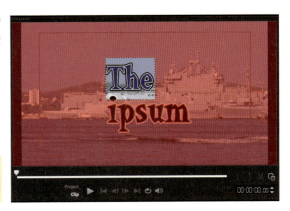

> **Point**
> いま入力した文字列を避ければ、プレビュー内のどこでもかまいません。

ここでは「Ocean」と入力

⑫つづけて2段目の文字も入力します。

⑬「Project」モードに切り替えて、再生して確認します。

Reference　タイトルセーフエリア

プレビューに表示されている四角い枠は「タイトルセーフエリア」で、この枠の中に文字を収めれば、パソコンモニターではなくTVなどを使用して再生した場合に、タイトルが切れたりする心配がないことを示しています。

環境設定のプレビューウィンドウの設定で、表示させないようにできます。

| Reference | 編集中のタイトルの表示の違い |

編集中のタイトルはプレビューで、次のように表示されます。

①点線のみで囲まれている。
文字列を入力、編集できます。

②複数のハンドルのついた点線で囲まれている。
ハンドルを操作して拡大・縮小／回転／影の移動ができます。

●	文字を回転するときに使用する。カーソルを近づけると丸い矢印が表示されるのでドラッグして回転させる。
■	文字の拡大／縮小ができる。ドラッグして大きさを変える。
■	文字が影付きのときのみ表示される。影を移動できる。

2つのモードの切り替え方法

●選択モードから文字入力モードへ
選択モードの枠内をダブルクリックします。

●文字入力モードから選択モードへ
プレビューウィンドウの何もないところをクリックします。

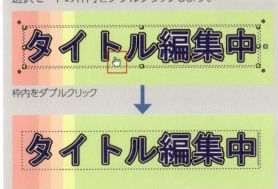

枠内をダブルクリック

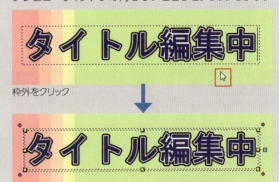

枠外をクリック

| Point |

タイトルの表示時間を変更するなど、さらに細かいカスタマイズ方法は次項「オリジナルのタイトルを作成する」で解説します。

オリジナルのタイトルを作成する

　文字の入力からスタートしてオリジナルタイトルを作成していきます。最初に文字を入力してからの手順はプリセットを使用する場合とあまり変わらないので、むずかしくはありません。

①タイトルを挿入したいクリップをビデオトラックに配置し、再生またはジョグスライダーを動かして、タイトルを挿入したい箇所を見つけます。

②ツールバーの「タイトル」アイコンをクリックします。

③プレビューに「ここをダブルクリックするとタイトルが追加されます」と表示されます。

④プレビュー上で、ダブルクリックします。位置はあとから移動できるので、大まかな場所でかまいません。

104

⑤点線で囲まれたカーソルが点滅します。

⑥文字を入力します。

ここでは「動物園に行ってきました。」と入力

⑦入力した文字を確定するために、プレビューの何もないところ（図の赤いエリア）をクリックします。

Point
以前に入力したことがある場合は、文字色やフォントのその設定を引き継いで入力されます。

文字以外のプレビュー内をクリック

⑦文字が確定されて、タイトルトラックに、タイトルのクリップが配置されました。

Point
複数のタイトルを使用したい場合は、再びプレビューの挿入したいところをダブルクリックするか、「タイトルトラック」を増やして（→ P.74）入力します。

105

オプションパネルを表示する

　タイムラインのタイトルクリップをダブルクリックすると、ライブラリパネルにオプションパネルが表示されます。オプションパネルはタイトルクリップに関するいろいろな設定ができます。

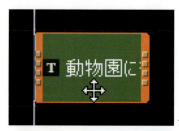

タイトルクリップをダブルクリックする

Reference　タイトルのオプションパネルの「編集」タブ

① 表示する長さを変更する。
② 太字や斜体にしたり、アンダーラインを引く。また「左揃え」「中央揃え」などの設定ができる。
③ フォント（書体）を変更する。
④ 大きさを数値で指定する。
⑤ 色を変更する。
⑥ 行間、角度を変更する。
⑦ 単一のタイトルまたは複数のタイトルかを指定する。
⑧ 字幕ファイルを読み込む。または保存する。
⑨ テキストの背景にグラデーションなどを設定する。
⑩ プレビューに目安となるグリッドラインを表示する。
⑪ 文字に影をつけたり、透明度を指定する。
⑫ 文字の飾りのプリセット
⑬ タイトルを画面上のどこに配置するかを指定する。
⑭ オプションパネルを閉じる。

表示時間の長さを変更する

タイトルが表示される時間は初期設定では3秒です。これをもっと長く表示されるように変更します。

①タイトルトラックにあるタイトルクリップを、ダブルクリックします。

②プレビューの文字が選択されている状態に変わります。

③オプションパネルのタイムコードの数字をクリックして点滅させてから、上下ボタンを操作して値を変更するか、キーボードから数字を直接入力します。

> **Point**
> 文字を修正したいときは、プレビューの文字をダブルクリックします。

数字をクリックする

数字が点滅する

④数字を変更したら、キーボードの「Enter」キー押して確定させます。

⑤タイトルクリップの長さが変更されました。

Reference　タイムライン上で操作する

タイムラインにあるタイトルクリップの両端をドラッグして、調整することもできます。

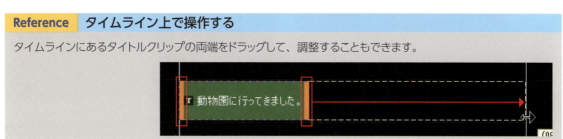

107

フォント（書体）を変更する

文字の書体いわゆるフォントの種類を変更します。

③オプションパネルのフォントのプルダウンメニューから、使用したいフォントを指定します。

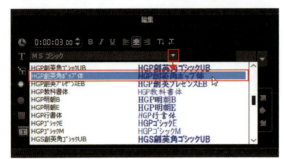

Point
使用できるフォントはパソコンの環境によって変わります。

①タイムラインのタイトルクリップをダブルクリックします。

②プレビューウィンドウのタイトルが、選択されている状態になります。

④選択したフォントが反映されます。

⑤プレビュー内の何もないところをクリックして、フォントの変更を確定します。

文字の大きさを変更する

今度は文字の大きさを変更します。

①タイムラインのタイトルクリップをダブルクリックします。

②プレビューのタイトルが、選択されている状態になります。

③「フォントサイズ（1-200）」のプルダウンメニュー（1-200）から大きさを指定するか、または数字をクリックして、キーボードから入力します。ここでは「73」から「100」に変更しています。

④プレビューで確認します。

変更前

変更後

⑤プレビューの何もないところをクリックして、大きさの変更を確定します。

Reference	プレビューで操作する

②のタイトルが選択された状態のときに、文字の周りに表示されるハンドルをドラッグすると、直感的に拡大、縮小、回転が簡単に実行できます。
また文字の移動も同じようにカーソルが指の形に変わるのを確認して、ドラッグすれば、自由に移動できます。

カーソルの形が変わる

Point

これらのタイトルの各種設定の変更は、確定させる前であれば、つづけて一度に実行できます。

文字色の変更

文字の色を変更します。

①タイムラインのタイトルクリップをダブルクリックします。

②プレビューのタイトルが、選択されている状態になります。

③オプションパネルの色をクリックして、表示された色のリストから使用したい色を選択します。

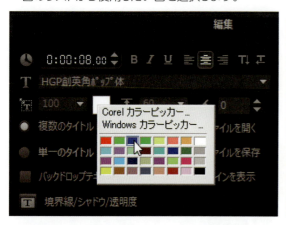

Point

「Corel カラーピッカー」を選択すると、もっと繊細な色を設定することができます。

④選択した色が反映されます。

⑤プレビューの何もないところをクリックして、フォントの変更を確定します。

境界線／シャドウ／透明度

文字の飾りつけの項目です。文字を縁どりしたり、半透明にしたりできます。

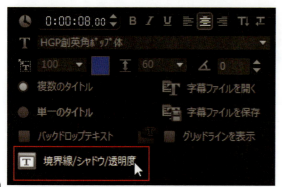

①タイムラインのタイトルクリップをダブルクリックして、プレビューのタイトルを選択した状態にし、オプションパネルの「境界線／シャドウ／透明度」をクリックします。

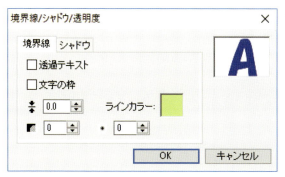

②「境界線／シャドウ／透明度」ウィンドウが開きます。

③「境界線」と「シャドウ」のタブを切りかえて、プレビューで効果を確認しながら設定していきます。

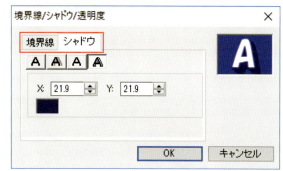

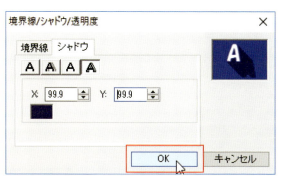

④設定を終えたら「OK」をクリックします。

Reference　「境界線／シャドウ／透明度」の代表例

「境界線」
文字を透けさせたり、縁取りの色を指定したりできます。

「シャドウ」
文字に影をつけることができます。種類によって印象が変わります。

「影なし」　　　　　　　　　　「ドロップシャドウ」

「グローシャドウ」　　　　　　「押し出しシャドウ」

タイトルのアニメーション

　タイトルにアニメーションの設定を加えれば、画面下からせり上がってくる文字や、一文字ずつ現れてくるといった楽しい演出も可能です。

①タイトルトラックにあるクリップをダブルクリックします。

②オプションパネルが開くので、「タイトル設定」タブを選択して切り替えます。

「タイトル設定」タブ

Reference	タイトルのオプションパネルの「タイトル設定」タブ

❶ アニメーションの設定に切り替える
❷ 「適用」チェックボックス
❸ カテゴリーとカスタマイズ
❹ アニメーションのデモ画面※

※「適用」をチェックしないと表示されない

③❷「適用」にチェックを入れて、❹のデモ画面を表示します。

④カテゴリーのプルダウンメニューから動きを選択します。

⑤デモ画面を参考にして、アニメーションの動き方を選択します。ここでは「フライ」の最初のアニメーションを選択しています。

⑥プレビューで再生して、動き方の確認をします。

タイトルが画面の下から入ってくる

Reference 動きのカスタマイズ

詳細な動きのカスタマイズはカテゴリー名横にあるアイコンをクリックします。

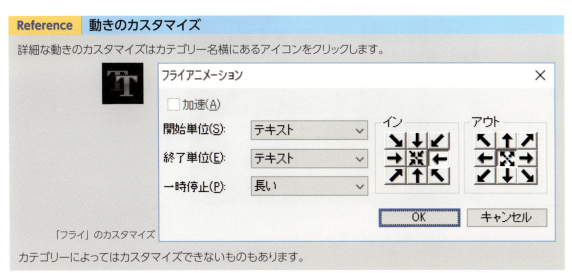

「フライ」のカスタマイズ

カテゴリーによってはカスタマイズできないものもあります。

| Reference | テロップを作成する |

アニメーションの機能を使用すれば、TV番組のエンディングでスタッフの名前などが右から左に流れるテロップなどを作成することができます。使用するのはオプションパネルの「タイトル設定」の中で「フライ」が適当でしょう。

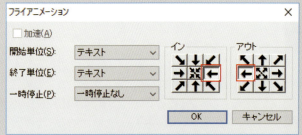

おすすめの「フライ」の設定

「イン」がテロップの画面に入ってくる方向で、「アウト」が画面から消えていく方向を表しています。図のように設定すると画面の右側から左側に流れていくことになります。

タイトルにフィルターをかける

　タイトルのクリップには通常のビデオクリップと同じように「フィルター」というエフェクト（特殊効果）をかけることができます。細かい設定は「アニメーション」のときと同じく「タイトル設定」タブでおこないます。

①ツールバーの「フィルター」をクリックして、ライブラリパネルに「フィルター」の一覧を表示します。

②ライブラリパネルで選択した「フィルター」をタイトルトラックにあるクリップにドラッグアンドドロップします。ここではカテゴリー「メイン効果」の「ズーム移動」を設定しています。

| Point |

「フィルター」がどんな効果であるのかは、ライブラリパネルで選択して「Clip」モードで再生すればプレビューで確認できます。

③カスタマイズはオプションパネルの「タイトル設定」で実行します。タイトルのクリップをダブルクリックしてオプションパネルを開き、「タイトル設定」タブをクリックします。

❶ フィルターの設定に切り替える。
❷ ここをチェックしておくとドラッグアンドドロップするたびに新しいフィルターに入れ替わる。
❸ 現在かけているフィルターの一覧
❹ フィルターの順番を入れ替えたり、削除する。お気に入りとして登録もできる。
❺ 詳細なカスタマイズを実行する。

Point

「フィルター」はクリップに対して複数かけることも可能です。（→ P.97）

④プレビューで再生して、効果を確認します。

Reference　オリジナルのタイトルを登録する

いろいろな設定をほどこしたオリジナルのタイトルを、ほかのプロジェクトでも使用できるようにライブラリに登録します。文字はすぐに入れ替えることができ、お好みの動きのパターンなどもすぐに使えるので便利です。登録方法はタイムラインにあるオリジナルタイトルのクリップをライブラリパネルにドラッグアンドドロップするだけです。
ただしタイトルのライブラリパネルにしか登録できません。

オリジナルのタイトルを登録する

115

Chapter3
11 名場面を劇的に盛り上げる「オーディオ」

オーディオはBGMや効果音など、シーンを盛り上げるのに欠かせない要素です。

VideoStudio X10にはサンプルオーディオとして、BGM用の音楽や効果音などが数多く収められています。ファイルはサンプルフォルダーに収められています。

オーディオをタイムラインに配置する

基本的にオーディオは「ミュージックトラック」、ナレーションなどの音声データは「ボイストラック」に配置します。

①クリップを再生またはジョグ スライダーを操作してオーディオを開始したい位置を見つけます。

②ライブラリパネルのオーディオデータを「ミュージックトラック」に、ドラッグアンドドロップします。

オーディオファイルは基本的にミュージックトラックにドラッグアンドドロップする

Point
配置するオーディオを確認したい場合は、「Clip」モードで再生します。

オーディオの音量を調整する

　動画の完成時に再生される音量を調整します。なお同じ方法でビデオクリップやボイストラックにあるクリップも調整できます。

①調整したいオーディオクリップをダブルクリックして、ライブラリパネルにオプションパネルを表示します。

②図のように上下ボタンか、その隣にある▼をクリックして、メーターを表示し、調整します。

上下ボタンで調整する

メーターで調整する

Reference　プレビューのボリュームアイコン

プレビューのボリュームアイコンは編集作業中のボリュームを調整するもので、ここを操作しても完成した動画には反映されません。

③プレビューで再生して確認してみましょう。

Point

オーディオの波形を利用して、視覚的に調整する方法もあります。(→ P.191)

オーディオクリップをトリミングする

　オーディオクリップの長さを調整します。オーディオクリップがビデオクリップより長い場合、画面は真っ暗なのにBGMだけが流れることになります。そういう場合はオーディオクリップをビデオクリップの長さに合わせます。

オーディオクリップがビデオクリップより長い

①オーディオクリップを選択して、終点にカーソルを合わせ、カーソルの形が矢印型に変わるのを確認して、左方向へドラッグします。

②ビデオクリップと長さが同じになりました。

Point

この方法でクリップを伸縮して、ほかのトラックのクリップの開始点・終了点に近づけると、そのトラックのクリップの長さと同じ位置に吸いつけられるようにスナップすることができます。この操作はオーディオ以外のクリップでも有効です。

フェードイン / フェードアウト

　音が徐々に大きくなるのを「フェードイン」、逆にだんだん小さくなっていくのを「フェードアウト」といいますが、VideoStudio X10ではこれをワンクリックで設定できます。

①調整したいクリップをダブルクリックして、ライブラリパネルにオプションパネルを表示します。

②クリックすることで、設定されます。もちろんフェードイン / フェードアウトを同時に設定することも可能です。

左がフェードイン、右がフェードアウト

オーディオフィルターを設定する

　クリップに特殊効果をかけるのがフィルターですが、オーディオには専用の「オーディオフィルター」が用意されています。

①ツールバーの「フィルター」をクリックします。

②ライブラリパネル上部にある「オーディオフィルターを表示」アイコンをクリックします。

③ライブラリパネルの表示が「オーディオフィルター」に切り替わるので、設定したいフィルターをタイムラインのオーディオクリップにドラッグアンドドロップします。ここでは「エコー」を使用しています。

オーディオクリップにドラッグアンドドロップする

④「Project」モードで再生して、効果を確認します。

Reference　さらに詳細に設定する

オーディオクリップをダブルクリックして、ライブラリパネルにオプションパネルを開き「オーディオフィルター」アイコンをクリックして、「オーディオフィルター」ウィンドウを表示します。

設定したフィルターの項目を確認して、「オプション」をクリックします。フィルター名のウィンドウが開くので、さまざまな調整をします。

設定後、「OK」をクリックします。

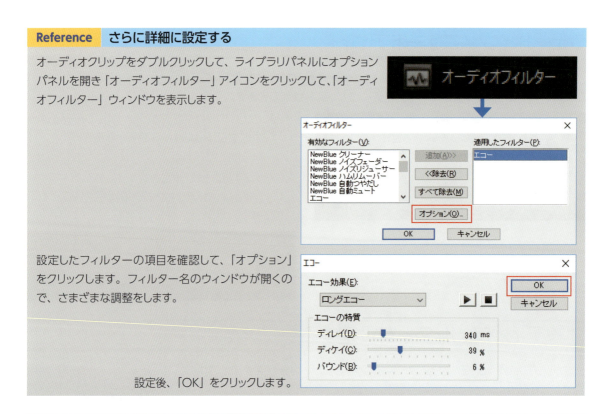

オーディオフィルターを除去する

①タイムラインにあるオーディオクリップ上で、右クリックし、表示されるメニューから、オーディオフィルターを選択、クリックします。

②「オーディオフィルター」ウィンドウが開くので、「<< 除去」または「すべて除去」を選択し、「OK」をクリックします。

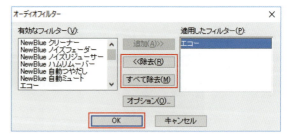

オートミュージック

　ビデオに BGM をつけたいけれど、ビデオの長さと合わない。動画の途中で終わってしまったり、真っ暗な画面に音楽だけが流れたり…それを解決してくれるのが「オートミュージック」です。

①タイムラインのスライダーをビデオの先頭に持ってきます。理由はオートミュージックのクリップ（ミュージック）はスライダーの位置から挿入されるためです。

②ツールバーの「オートミュージック」をクリックします。

③ライブラリパネルにオプションパネルが表示されます。

④「カテゴリー」→「曲」→「バージョン」の順に選択していきます。

⑤「選択した曲を再生」をクリックすると、試聴することができます。

⑥気に入った曲が見つかったら「タイムラインに追加」をクリックします。

⑦ビデオの長さにぴったり合ったミュージックがミュージックトラック」に配置されます。

⑧「Project」モードで再生して確認します。

121

| Reference | 「オーディオトリム」のチェックをはずすと… |

タイムラインに複数のクリップがある場合など、うまく配置されないことがあるので、常にチェックを入れておくほうがよいでしょう。

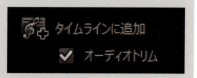

| Point |

「オートミュージック」にはフィルターをかけることはできません。

| Reference | スコアフィッターミュージック | 新機能 |

もっと簡単にオートミュージックを設定する機能がVideoStudio X10には搭載されました。それが「スコアフィッターミュージック」です。

①フォルダーを開くと「オートミュージック」と同じ曲が一覧で表示されます。

②選択して「Clip」モードで試聴して、曲を決定します。

③ミュージックトラックにドラッグアンドドロップします。

④長さをビデオクリップに合わせます。

⑤しばらくするとマークが変わるので、「Project」モードで再生して確認します。

Chapter3

12 知っておくと便利！クリップの属性とキーフレームの使い方

動画編集を進める際に、知っておくと作業がはかどる便利な技です。

クリップの属性

属性とはそのものが持っている特徴や性質のことをいいますが、VideoStudio X10ではクリップに設定した「フィルター」や「パン&ズーム」などの効果をさします。

属性のコピー

クリップの属性はその設定をコピーして、ほかのクリップに適用することができます。写真に設定した「パン&ズーム」の複雑な動きなどをコピーして、別の写真に適用すればまったく同じ動作をさせることが可能になるので、とても便利です。

①途中で色が変化するフィルターや画面内を動き回わるといったいろいろな設定をほどこしたクリップがあります。

元の映像　　　　　　　　加工した映像

②このクリップの属性をコピーします。タイムラインのクリップ上で右クリックし、表示されるメニューから「属性をコピー」を選択、クリックします。

③属性を適用したいクリップ上で、右クリックし、表示されるメニューから「すべての属性を貼り付け」を選択、クリックします。

④すべての属性が引き継がれました。

属性を選択して貼り付け

①今度は属性の一部を選択して貼り付けてみます。右クリックで表示されるメニューで「属性を選択して貼り付け」を選択、クリックします。

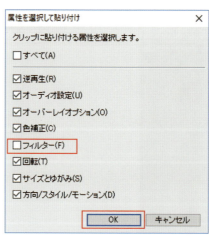

②「属性を選択して貼り付け」ウィンドウが開くので、ここでは「フィルター」のチェックをはずし「OK」をクリックします。

③フィルター以外の属性が引き継がれました。

キーフレームを使いこなす

　キーフレームとは文字通りキー（鍵）となるフレームのことです。動画は連続した静止画像を順番に表示して動いているように見えています。その中で指定したフレームで効果を適用したり、今までと違う動きをするように指示を出すことによって、凝った演出を可能にします。

一定時間ごとに色を変化させる

　ここではフェリーから海を撮影した15秒間の動画にフィルター「デュオトーン」を適用し、キーフレームを使って途中で3回ほど色を変化させます。

①クリップに「デュオトーン」（カテゴリー「カメラレンズ」）を設定します。

②タイムラインのクリップをダブルクリックして、ライブラリパネルにオプションパネルを表示します。

③「フィルターをカスタマイズ」をクリックします。

④「デュオトーン」ウィンドウが開きます。

操作ボタンの説明

❶ プレビュー画面。左がオリジナルで右が適用後の画面。
❷ キーフレームの設定ボタン。追加したり、除去したりできる。
❸ 動画の最初、最後に移動、1コマ左、1コマ右に移動
❹ ジョグ スライダー。目的の場所をすばやく見つけられる。また設定したキーフレームを表示する。
❺ デュオトーンのカスタマイズ項目。
❻ 再生ボタンなど。
❼ ❹のスケールを拡大/縮小する。

①ジョグ スライダーを 3 秒の位置に移動します。

②キーフレームを追加します。

③キーフレームが追加されました。

④色を変更します。図の箇所をクリックして、「Corel カラーピッカー」を開き、ここではブルーを選択しています。

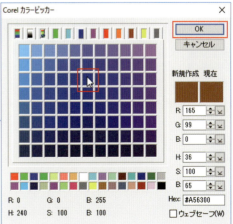

Corel カラーピッカー

⑤同じ要領であと2か所にキーフレームを追加します。

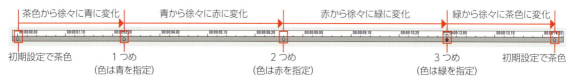

⑥最後に右上にある「OK」で「デュオトーン」ウィンドウを閉じます。

⑦プレビューで再生して確認しましょう。

Point

キーフレームを使いこなすことができれば、斬新でスタイリッシュな映像を製作できるようになります。ぜひチャレンジしてみてください。

Chapter4
「完了」ワークスペース編
完成した作品を書き出す

最後の仕上げ、
完成した作品をいろいろな用途に合わせて書き出します。

01 MP4 形式で書き出してみよう
02 SNS にアップロードして世界発信しよう
03 スマホやタブレットで外に持ち出そう
04 メニュー付き DVD ディスクでグレードアップ

Chapter4
01 MP4形式で書き出してみよう

VideoStudio X10は編集した動画をいろいろな形式で書き出して、保存することができます。

　書き出したファイルでDVDビデオを作成するのか、スマホなどの携帯機器で再生するのか、目的や用途で形式も変わります。VideoStudio X10は現在普及しているファイル形式にはほぼすべて対応しています。

① 「完了」タブをクリックします。

② 「完了」ワークスペースに切り替わりました。

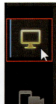

③ 「カテゴリー選択エリア」から「コンピューター」を選択します。

Point
初期設定では「コンピューター」が選択されています。

④ 「MPEG-4」を選択します、

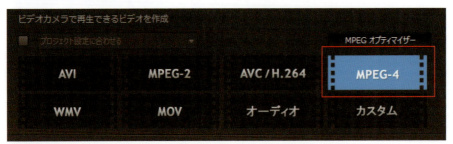

Point
④の項目は選択したカテゴリーによって変わります。詳しくは27ページをご覧ください。

130

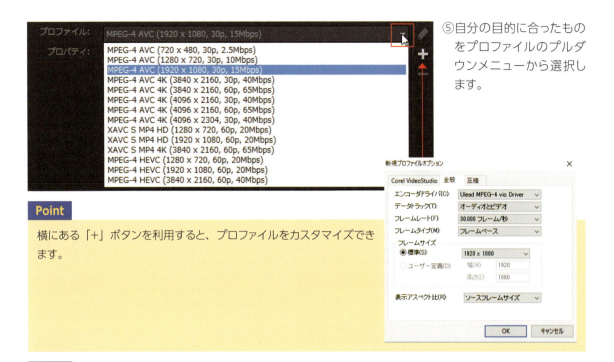

⑤自分の目的に合ったものをプロファイルのプルダウンメニューから選択します。

> **Point**
> 横にある「+」ボタンを利用すると、プロファイルをカスタマイズできます。

> **Point**
> 「プロジェクト設定に合わせる」にチェックを入れると、「編集」ワークスペースで設定した解像度やフレームレートなどに自動調整されます。

⑥ファイル名を入力し、保存場所を確認します。

ファイル名を入力

保存先を変更する場合はここをクリック

> **Point**
> 保存先は初期設定では以下のフォルダーに出力されます。
> 「ドキュメント」→「Corel VideoStudio Pro」→「X10.0」

⑦「開始」をクリックします。

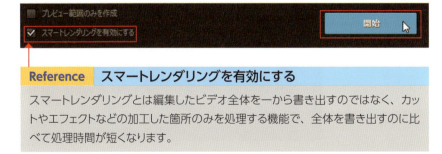

> **Reference　スマートレンダリングを有効にする**
> スマートレンダリングとは編集したビデオ全体を一から書き出すのではなく、カットやエフェクトなどの加工した箇所のみを処理する機能で、全体を書き出すのに比べて処理時間が短くなります。

131

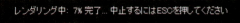 ⑧書き出しがスタートします。

Reference　書き出し中にできること

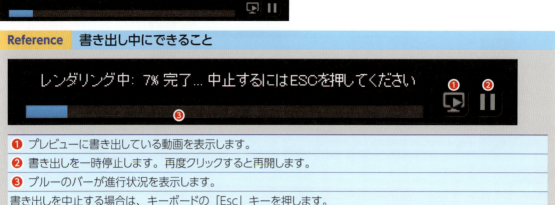

❶ プレビューに書き出している動画を表示します。
❷ 書き出しを一時停止します。再度クリックすると再開します。
❸ ブルーのバーが進行状況を表示します。
書き出しを中止する場合は、キーボードの「Esc」キーを押します。

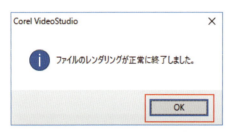 ⑨完了するとメッセージが表示されます。「OK」で終了します。

 ⑩再生して確認しましょう。

パソコンのプレーヤーで再生しています

Point

書き出したファイルはVideoStudio X10のライブラリに自動的に登録されます。

Chapter4
02 SNSにアップロードして世界発信しよう

YouTubeで作品を公開してみましょう。

　作品が完成したら、一人で楽しむのはもったいない。SNSサービスを利用して公開してみてはいかがでしょう。そこまで行かなくてもアップロードしたURLを親戚や知人に知らせれば共有するのも簡単です。ここではYouTubeを例に解説します。

①「完了」タブをクリックします。

②「完了」ワークスペースに切り替わりました。

③ツールバーから「Web」を選択します。

④画面が切り替わるので、選択されているのが「YouTube」であることを確認して、「ログイン」をクリックします。

Point

YouTubeを利用するには「Googleアカウント」が必要です。持っていない人はあらかじめアカウントを取得しておいたほうが、これからの作業がスムーズに進められます。

⑤ Google アカウントのメールアドレス、パスワードを入力します。

⑥ VideoStudio X10 が YouTube との通信をしていいかどうかの許可を求められるので、「許可」をクリックします。

⑦ アップロードのための詳細を設定します。

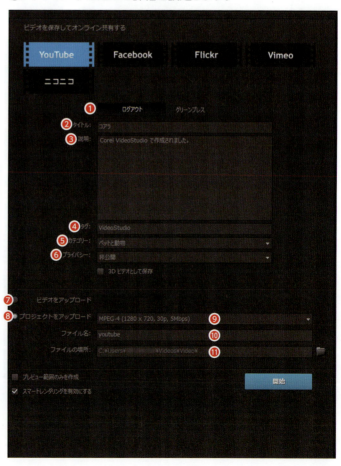

❶	ログアウト	YouTube からログアウトする。
❷	タイトル	YouTube で公開されるタイトル。
❸	説明	内容の説明を入力する。
❹	タグ	Web の検索で見つけられるようにするための語句を入力する。
❺	カテゴリー	YouTube のカテゴリー。プルダウンメニューで選択する。
❻	プライバシー	公開範囲を指定する。(→次ページ参照)
❼	ビデオをアップロード	すでに保存してある動画をアップロードする。
❽	プロジェクトをアップロード	動画出力後にアップロードが開始される。
❾	プロジェクトの設定	動画出力時の設定を変更する。
❿	ファイル名	出力する動画のファイル名を入力する。
⓫	ファイルの場所	出力する動画の保存場所

Reference プライバシーについて

❻のプライバシーはどこまで公開するかの範囲をプルダウンメニューで選択します。

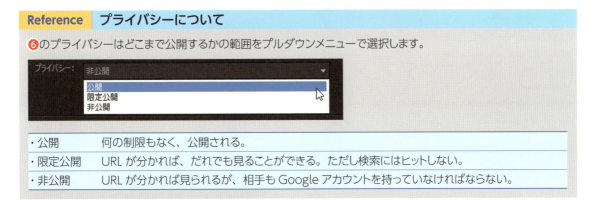

・公開	何の制限もなく、公開される。
・限定公開	URLが分かれば、だれでも見ることができる。ただし検索にはヒットしない。
・非公開	URLが分かれば見られるが、相手もGoogleアカウントを持っていなければならない。

⑧入力が完了したら、「開始」をクリックします。

⑨動画の書き出しが始まり、完了後アップロードが始まります。

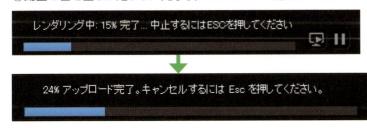

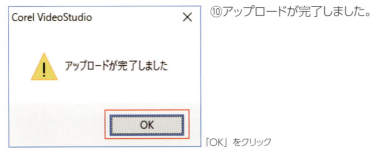

⑩アップロードが完了しました。

「OK」をクリック

⑪アップロードが完了するとブラウザが起動し、「YouTube」のログイン画面が開くので、ログインしてアップロードした動画を確認します。

Reference 著作権に注意しましょう

Webにアップロードする場合は第三者に権利のある画像や音楽を使用していないかなど、著作権に注意しましょう。

Chapter4
03 スマホやタブレットで外に持ち出そう

完成した動画をパソコンではなくスマホやタブレットで鑑賞します。

　完成した動画をスマホやタブレットに保存して、外出先で楽しみましょう。手軽に持ち出すことができれば、気の合った仲間たちとの集いの席などで、簡単に見てもらうことができます。

完成した動画をスマホ、タブレット用に書き出す

①「完了」タブをクリックします。

②「完了」ワークスペースに切り替わりました。

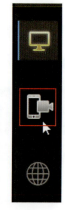

③ツールバーから「デバイス」を選択します。

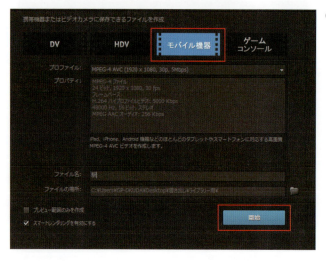

④「モバイル機器」を選択して、プロファイルや保存先を確認して「開始」をクリックします。ここではファイル名を「駅」として書き出しています。

⑤書き出しが完了しました。

⑥再生して確認してみましょう。

iPhoneに動画を転送する

iPhoneに動画を転送する場合はiTunesに一度取り込んでから転送します。
iTunesを持っていない場合はAppleのWebサイトからダウンロードしてインストールしてください。

①まずiTunesに動画をコピーします。iTunesを起動して、動画をドラッグアンドドロップします。

②iTunesに動画が登録されました。

③iPhoneとパソコンをケーブルで接続して、同期します。

④iPhoneで再生できました。

Androidスマートフォンに動画を転送する

　完成した動画を書き出す手順はiPhoneのときと変わりません。（→P.136）また転送方法はiPhoneより簡単です。

① Androidとパソコンをケーブルで接続しておき、VideoStudio X10で作成した動画をAndroidスマートフォンの「DCMI」フォルダーにドラッグアンドドロップでコピーします。

「DCMI」フォルダーにコピーする

Point

機種によっては「DCMI」フォルダーの内容が異なる場合があるので、必ず取扱説明書でご確認ください。

Reference　AndroidではMP4を再生できない？

コピーしようとすると図のようなアラートが表示される場合があります。しかしAndroidはMP4形式の動画に正式に対応しているので、心配はいりません。かまわず「はい」でコピーしてみましょう。

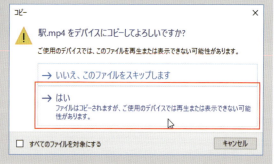

②動画を再生することができました。

Chapter4
04 | メニュー付き DVD ディスクでグレードアップ

VideoStudio MyDVD の使い方を解説します。

　VideoStudio X10 には本体から起動する DVD 作成ソフトも付属していますが、ここでは別ソフトとして同梱されている「Corel VideoStudio MyDVD（以下 VideoStudio MyDVD）」でメニュー付きの DVD ディスクを作成してみます。

VideoStudio MyDVD を起動する

　ここでは DVD ビデオの作り方を例に解説します。なお Blu-ray Disc を作成するには別途プラグインの購入が必要です。（→ P.223）

①デスクトップのアイコンをダブルクリックするか、「スタート」の「すべてのアプリ」から「Corel VideoStudio X10」フォルダーを開き「VideoStudio MyDVD」選択してクリックします。

起動しました

②スプラッシュ画面が表示された後、最初のメニューが表示されます。

Reference	最初のメニュー画面
❶ DVD ビデオ作成する。
❷ AVCHD プレーヤー用のディスクを作成する。
❸ Blu-ray Disc を作成する（別途プラグインが必要）
❹ 既存のプロジェクトを開く。
❺ 最新のプロジェクトを開く。

139

③❶ DVD のアイコンをクリックします。

④プロジェクトに名前を付けるための画面が開きます。変更する場合は「名称」で入力します。

— 初期設定で「作成日＋連番」となる
— 保存先の変更はここをクリック

Reference　プロジェクトは自動保存される

VideoStudio MyDVD のプロジェクトは初期設定で自動保存される設計になっており、気が付くと保存場所の初期設定である「ドキュメント」フォルダーにプロジェクトファイルがたくさんできている場合があります。それが気になる場合は専用のフォルダーを作り、保存先を変更しておくことをおすすめします。

⑤「OK」をクリックして進みます。

「Magic モード」と「詳細モード」

　VideoStudio MyDVD には簡易編集の「Magic モード」と細かい部分まで作り込める「詳細モード」があります。デスクトップのアイコンや「スタート」メニューからソフトをはじめて起動した場合は必ず「Magic モード」が開きます。

　最初から「詳細モード」で編集したい場合は、つづけて下段の「詳細モード」アイコンをクリックします。

Point

次回からは終了したときに使用していたモードで、起動するようになります。

140

「Magic モード」で編集する

「Magic モード」は説明する必要がないくらい、直感的に使用することができます。

このようにわずか5ステップでDVDディスクが完成します。また①～③は順番が変わってもかまいません。

Reference	「Magic モード」の注意点

①のDVDビデオの名前はDVDメディアをパソコンのドライブやDVDプレーヤーに挿入したときに表示されるメディア自体の名称で、DVDメニューのタイトルではありません。
③のムービーの配置場所は初期設定の画面では4つの場所しかないように見えますが、ウィンドウを拡大すると、たくさんあることが分かります。また、ムービーの順番はドラッグアンドドロップで並べ替えたり、メディアパネルのものと入れ替えたりはできますが、削除はできません。

DVDに焼く前にプレビューで動作を確認する

DVDに焼く前にプレビューでメニューの動作や再生の状態を確認します。

① 「プロジェクトのプレビュー」ボタンをクリックします。

② プレビュー画面が別ウィンドウで開きます。ここではテンプレートの「グリッド」を選択してプレビューしています。問題があれば、プレビューを閉じて編集画面に戻り、調整しましょう。

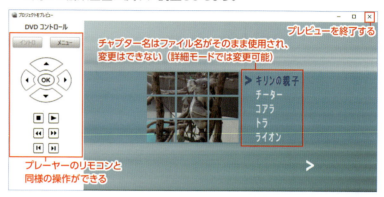

DVDに焼く

　パソコンのDVDドライブにDVDメディアをセットして、「プロジェクトの書き込み」をクリックします。

Point
左のフロッピーディスクのアイコンをクリックすると、イメージファイル（.iso）として書き出すことができます。

「詳細モード」に移行してカスタマイズする

「詳細モード」ではメニューの背景画像の変更をはじめ、カスタマイズ機能が充実しています。ここでは「Magicモード」から引き継いでいますが、もちろん最初から「詳細モード」で作業をはじめることも可能です。

① 「詳細モード」をクリックします。

② 確認のウィンドウが表示されるので、「次へ」をクリックします。

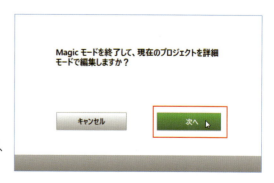

③「詳細モード」が開きました。

④画面が小さいので右上にある「最大化」でモニター全体に表示します。

「詳細モード」の概要

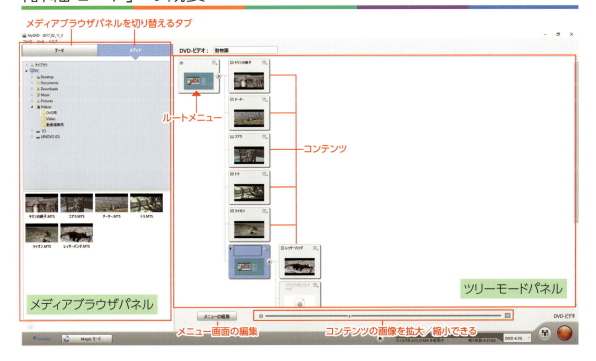

ツリーモードパネル

　DVDメニューの構造を、一覧で見ることができます。またタイトル（コンテンツ）の追加、メニューの追加、メニュー画面のタイトル名、コンテンツ名の変更ができます。
　作例では「Magic モード」のテンプレートで1ページに5タイトルしか表示できないものを選んだので、1つのコンテンツ（6本目のムービー）がサブメニューに送られています。

143

タイトル（コンテンツ）を追加する

ここでいうタイトルとはコンテンツ（ビデオ）のことです。

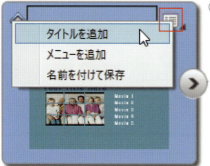

①ルートメニュー先頭の図のアイコンをクリックして「タイトルを追加」をクリックします

②「開く」ウィンドウで追加したいビデオを選択します。

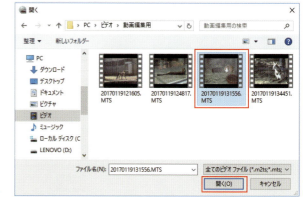

③タイトルが追加されました。

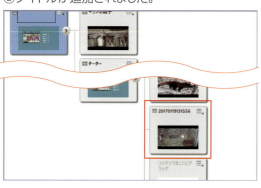

> **Point**
> メディアブラウザパネルから「コンテンツをここにドラッグ」というところにドラッグアンドドロップで追加することもできます。

メニューを追加する

メニューページを追加します。

①ルートメニュー先頭の図のアイコンをクリックして「メニューを追加」をクリックします。

②サブメニューページが追加されました。

> **Point**
> メニューページの追加は不用意に行うと、DVD プレーヤーで見るときに、ちゃんと動作しない場合があるので、ある程度限定的な機能となります。

名前を付けて保存

「名前を付けて保存」はメニューページのタイトル、コンテンツのタイトルを入力します。

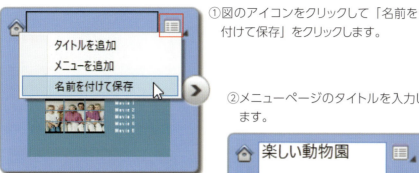

①図のアイコンをクリックして「名前を付けて保存」をクリックします。

②メニューページのタイトルを入力します。

③入力が終わったら、キーボードの「Enter」キーを押して確定します。

Point
これはDVDメニューのメインタイトルになります。

④同様にコンテンツのタイトルも同じ方法で変更できます。

Point
これはメニューページのチャプター名になります。

チャプターを追加する

コンテンツのビデオにチャプターを追加して、プレーヤーで好きな箇所から再生できるようにします。

①コンテンツの図のアイコンをクリックして、「チャプタを追加」をクリックします。

②「チャプタを編集」ウィンドウが開くので、設定します。

❶	プレビュー	ビデオをプレビューする。
❷	ジョグ スライダー	左右に動かすことで、チャプターの挿入位置を見つける。
❸	位置と時間	位置は現在の場所、再生時間はビデオ全体の時間を表示している。
❹	ナビゲーション	再生ボタン、早送り、などビデオを操作する。
❺	ここにチャプターを追加	クリックして、チャプターを追加する。
❻	チャプターを自動的に作成	「開始」をクリックすると、ビデオの再生が始まり、指定した時間毎に自動でチャプターを追加する。
❼	メディアブラウザ	追加したチャプターの先頭の画像が表示される。

③設定が終わったら、「OK」をクリックして、ウィンドウを閉じます。

④チャプターメニューページとチャプターの画像が追加され、ツリーモードパネルにも結果が反映されます。ここでは4つのチャプターを追加しています。

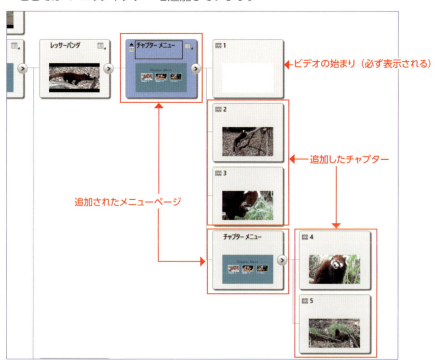

メニューの編集パネル

「メニューの編集」パネルを表示して、実際のメニュー画面のレイアウトを編集します。

①編集したいメニューページをダブルクリックするか、選択して「メニューの編集」をクリックします。

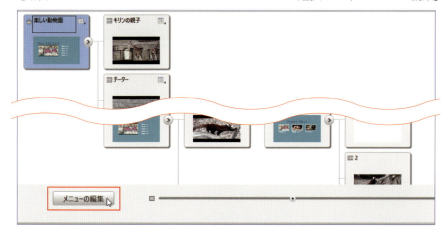

②メニューの編集パネルに切り替わります。

メニュー編集パネルの使い方

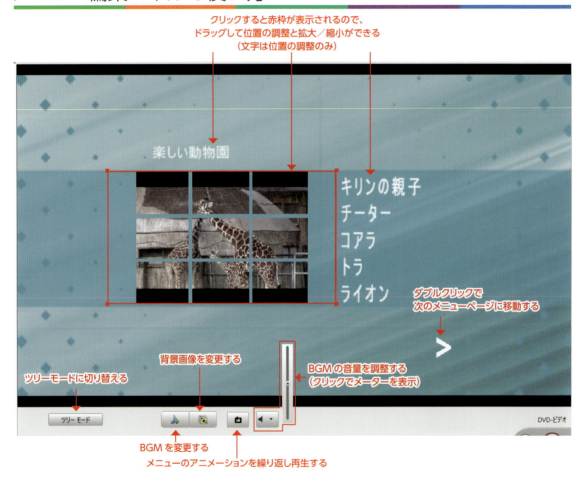

メニューの動作を確認する

「プロジェクトのプレビュー」でメニューの動作の確認をします。

背景画像を変更しました

問題がないようであれば、DVDメディアに焼いてみましょう。（→ P.142「DVDに焼く」）

イントロビデオを挿入する

プレーヤーなどでDVDを再生して、メニューが表示される前に再生されるビデオをイントロビデオといいます。市販のDVDビデオなどを再生するとメーカーのロゴが表示されたりします。それを自作のDVDに挿入してカッコよくしましょう。

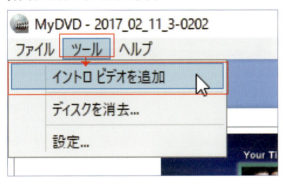

①メニューバーの「ツール」から「イントロビデオを追加」をクリックします。

②「開く」ウィンドウが表示されるので、挿入したいビデオを指定します。

③メニューの前に挿入されました。

④プレビューで確認してみましょう。

⑤再生後、メニューが表示されました。

Chapter5
多彩なツールでさらに凝った演出

VideoStudio X10にはまだまだたくさんの機能が搭載されています。
それらを使いこなして、さらに素敵な作品づくりをめざしましょう。

01 360°動画を編集して臨場感あふれる作品を　**新機能**
02 再生速度を自由自在にコントロールする「タイムリマップ」　**新機能**
03 オーバーラップも簡単に演出「トラック透明」　**新機能**
04 プロ並みにさらに凝った画づくり「マスククリエーター」（ULTIMATE限定）　**新機能**
05 カメラアングルを自由に切りかえる「マルチカメラ エディタ」
06 対象を吹き出しが追いかけていく「モーショントラッキング」
07 音に関する設定ならおまかせ「サウンドミキサー」
08 静止画にアクションをつけてフォトムービーをつくろう
09 もっと簡単に動画をつくろう「Corel FastFlick X10」
10 モニター画面を動画で保存する「Live Screen Capture」

Chapter5

01 | 360°動画を編集して臨場感あふれる作品を

全天球カメラを使って撮影した360°動画を用いて編集します。

　最近身近なものになりつつあるVR映像。ここでは360°全方向が見られるパノラマ動画を、角度を切りかえながら見せる1本の動画に仕上げます。

全天球カメラで撮った動画

VideoStudio X10 で編集

Reference　全天球カメラとは？

上下左右全方位の360度パノラマ写真または動画が撮影できる装置で、リコー社のTHETA（シータ）、コダック社のSP360などがあります。

Point

VideoStudio X10 で扱えるのは Equirectangular（エクイレクタングラー）形式で、昔からある地図の投影法の一種と同じで、日本語では「正距円筒図法」と呼ばれるものです。

タイムラインにクリップを配置する

①「編集」ワークスペースで、タイムラインに360°パノラマ動画を配置します。

配置されました

②クリップを選択してメニューバーの「ツール」から「360から標準へ」を選択、クリックします。

③「360から標準へ」ウィンドウが開きます。

「360から標準へ」ウィンドウ

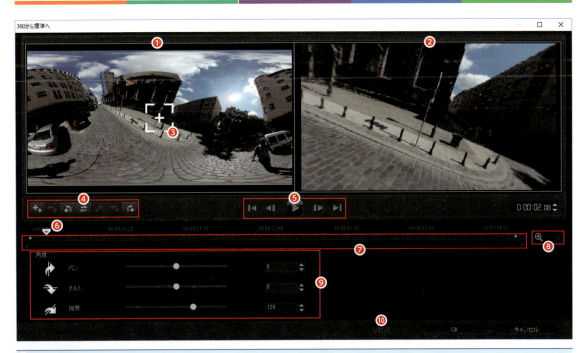

❶ 元の映像
❷ 標準の映像プレビュー
❸ 動かすと標準の映像プレビューも連動して動く。（ビュートラッカー）
❹ キーフレームの操作
❺ 再生ボタン、早送り、などビデオを操作する。
❻ 左右に動かして、目的の箇所を高速で見つける。
❼ キーフレームの位置を表示する（タイムフレーム）
❽ タイムフレームの大きさを変える（左がズームイン／右がズームアウト）
❾ カメラのアングル。パン(カメラを左右に振る)チルト(カメラを上下に振る)視界(寄りと引き)を数値で指定できる。
❿ すべての設定をリセットする。

再生しながら自由にアングルを変えてみる

①「再生」をクリックします。

②❷の標準の映像プレビューを見ながら、元の映像内のビュートラッカーを動かすか、標準の映像プレビュー内をドラッグしてアングルを決めていきます。

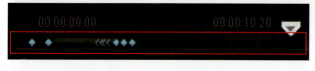

リアルタイムにパンとチルトの数値が変化します。またタイムフレームにそのアングルの変更がキーフレームとして次々に記録されていきます。

③同時に視界（寄りと引き）も変化させたいときは、「角度」の「視野」のメーターを操作します。

④設定が終わったら「OK」をクリックして、ウィンドウを閉じます。

⑤タイムラインの動画にマークが表示されます。もちろん通常の動画として編集可能です。

Point
「OK」の前に「リセット」を押せば、何度でも最初からやり直すことができます。

もっと細かく編集する

① 「360から標準へ」ウィンドウを開きます。

② キーフレームが先頭の位置にあるのを確認して、角度のメーターまたはビュートラッカーなどを操作して、最初のアングルを決めます。

③ ジョグ スライダーを動かして、「キーフレームを追加」をクリックします。

④ ジョグ スライダーの位置にキーフレームが追加されました。

⑤ 「角度」のメーターやビュートラッカーを操作して、アングルを変更します。

ここを操作してアングルを変更します

| Reference | キーフレームが増えた |

アングルを操作しようとすると、少し前のタイムフレーム上に、キーフレームが自動で追加されます。これはキーフレームを扱う上での法則のようなもので、指定したキーフレームの動作を実現するための準備用のキーフレームです。ソフト側で処理するためのものなので、気にすることはありません。

⑥同じ要領でアングルの変更を指定していき、動作を確認したら、「OK」でウィンドウを閉じます。

| Reference | キーフレームの操作アイコン |

❶ キーフレームを追加
❷ キーフレームを除去
❸ 前のキーフレームに戻る
❹ キーフレームを逆転
❺ キーフレームを左に移動
❻ キーフレームを右に移動
❼ 次のキーフレームに進む

| Reference | 映像酔いに注意 |

あまり凝りすぎて、ぐるぐると視点が変わりすぎる映像は、人によっては乗り物酔いと同じような「映像酔い」を起こす場合があるので、注意しましょう。

Chapter5
02 再生速度を自由自在にコントロールする「タイムリマップ」

 新機能

早送りやスローモーション、果ては逆回転再生まで簡単編集。

　これまでのバージョンでも再生速度を変更したり、逆回転したりといった面白い編集機能はありました。しかしそれはクリップの必要な箇所を切り出して、それぞれの機能を適用して、あとからつなげて出力しなければなりませんでした。しかし今バージョンから切り出すことなく、クリップの中でそれら相反する効果でも同時に適用することが可能になりました。それが「タイムリマップ」です。

「タイムリマップ」ウィンドウを開く

①タイムラインに配置したクリップを選択して、ツールバーの「タイムリマップ」アイコンをクリックします。

②「タイムリマップ」ウィンドウが開きました。

クリップ選択して「タイムリマップ」をクリック

一部分の逆回転を3回繰り返す

　ウィンドウの左側はクリップをトリミングするときに使用する「ビデオの複数カット」ウィンドウ（→P.84）に似ていますが、操作の仕方も大体同じです。

①プレビューで確認しながら動画を再生またはジョグ スライダー移動して、効果を設定したい範囲をマークイン／マークアウトで指定します。

指定した箇所は白いラインで表示

②速度の変更や逆再生の設定はウィンドウの右側の項目で設定します。

❶	速度		再生速度を変更する。スライダー左にドラッグすると遅くなり、右にドラッグすると速くなる。
❷	イーズイン		徐々に設定した効果が適用される。
❸	イーズアウト		設定した効果が徐々になくなっていく。
❹	フリーズフレーム		動画を静止画に変換して挿入する。右の「秒：フレーム数」で長さを調節する。
❺	巻き戻し		逆回転再生する。右の時間は回数の指定。1なら1回、3なら3回逆回転を繰り返す。

Point
ここで設定した箇所の音声は自動的に削除されます。

③ここではちょっと意地悪ですが子供がこけた箇所を、逆回転して3回繰り返します。「巻き戻し」のアイコンをクリックして、時間を「3」にします。

再生速度を変更する

①同様に複数箇所をマークイン／マークアウトで範囲指定します。指定をすると下にその箇所の最初の画像が表示されます。

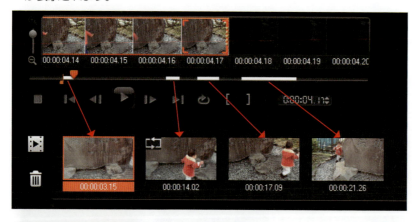

②最初の箇所は早送り再生し、3番目と4番目の箇所はスローモーションで再生されるように設定します。

選択して

スライダーを右へ移動か、数値を大きくする　　「早送り再生」

選択して

スライダーを左へ移動か、数値を小さくする 「スロー再生」

③設定した効果を確認するには、選択して左にある「タイムリマップ結果を再生」アイコンをクリックします。

Reference　かわいいアイコンが表示される

効果を適用すると以下のアイコンが表示されます。

「早送り再生」　　　　　「スロー再生」　　　　　「逆再生」　　　　　　　「フリーズフレーム」
うさぎアイコン　　　　　亀アイコン　　　　　　　リバースアイコン　　　　稲妻アイコン

フリーズフレーム

動画の中の逃したくない一瞬を切り取って、静止画として挿入します。

①静止画として保存したい箇所を動画の中から見つけます。

②フリーズフレームのアイコンをクリックします。時間は初期設定では3秒ですが、変更する場合は右にある「秒：フレーム数」を操作します。

③動画の途中に挿入されました。

Point

フリーズフレームは再生速度変更や逆再生などを設定しようとしている箇所では、実行することができません。ジョグスライダーの白いラインのないところで実行してください。

設定を削除する

設定を削除したい場合は、削除したい箇所を選択して、「ゴミ箱」アイコンをクリックします。

「ゴミ箱」アイコンをクリック

「タイムリマップ」を終了する

①すべての設定が完了したら、下段の「OK」をクリックします。

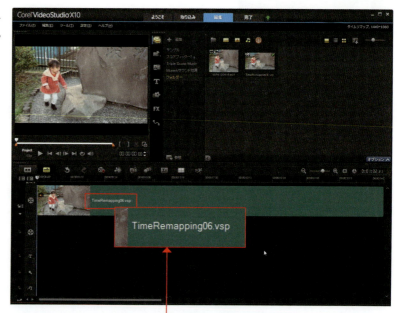

②タイムラインにあるクリップに、設定が反映されました。

| Reference | プロジェクトファイルに変わっている |

タイムラインにあるクリップをよく見ると、拡張子がVideoStudio X10のプロジェクトファイル.vspに変わっています。またライブラリにも同じファイルが追加されています。タイムラインのクリップを削除し、ライブラリから改めて、このプロジェクトファイルをドラッグすると、クリップの状況を詳しく見ることができます。（→ P.30）

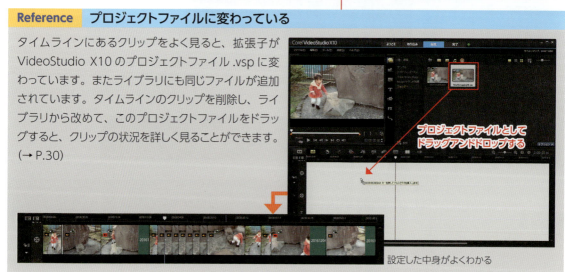

プロジェクトファイルとしてドラッグアンドドロップする

設定した中身がよくわかる

Chapter5
03 オーバーラップも簡単に演出「トラック透明」

新機能

クリップの透明度を自在に指定することができるようになりました。

　トラックに配置したクリップの透明度を簡単に調整して、印象に残る画面の演出ができます。

映像を重ね合わせるオーバーラップ

「トラック透明」モードに切り替える

①タイムラインに配置したクリップのトラックボタン領域上で右クリックします。ここではオーバーレイトラックのクリップを選択していますが、ビデオトラックのクリップも同様に切り替えられます。

②表示されるメニューから「透明トラック」を選択クリックします。

③タイムラインパネルが「トラック透明」モードに変わりました。

「トラック透明」モード

全体に同じ透明度を設定する

黄色いライン上をクリックして、カーソルが指の形に変われば、上下にドラッグして透明度を調整できます。

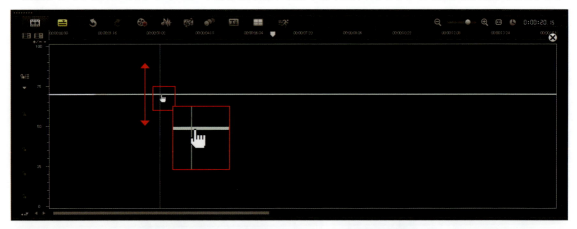

キーフレームで不透明度をコントロール

①黄色いライン上をクリックして、キーフレームを追加します。

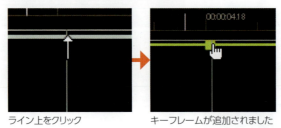

ライン上をクリック　　　キーフレームが追加されました

②同様にあと3か所に追加します。キーフレームはあとからドラッグして動かせるので、適当な位置でかまいません。

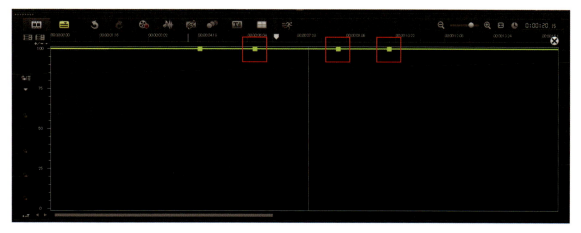

③キーフレームをドラッグして設定します。ここでは図のように設定しました。

キーフレームを削除する

不要になったキーフレームを削除するには、キーフレーム上で右クリックし、表示されるメニューから「キーフレームを削除」を選択、クリックします。

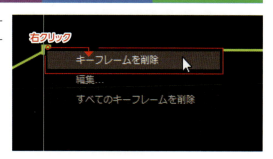

Point

「すべてのキーフレームを削除」を選択すると、ライン上のキーフレームを一括削除することができます。

Chapter5
04 プロ並みにさらに凝った画づくり「マスククリエーター」

動画のある部分を隠すことを「マスク合成」といいます。

　VideoStudioには通常版のProと、エフェクトや様々なテンプレートのプラグインが追加された上位版の「ULTIMATE（アルティメット）」があります。ここではVideoStudio X10のULTIMATEのみに追加された新機能「マスククリエーター」を紹介します。

「マスク合成」を簡単に実現

　「マスク合成」は動画の一部を隠して通常ではありえない世界をつくりだすことができますが、今までは高価なソフトにしか搭載されていませんでした。まさに待望の新機能といえるでしょう。

● 作例

元の映像

マスククリエーターで合成した映像

マスククリエーターを起動する

　タイムラインに「マスク合成」したいクリップを配置して、ツールバーの「マスククリエーター」アイコンをクリックします。

「マスククリエーター」ウィンドウ

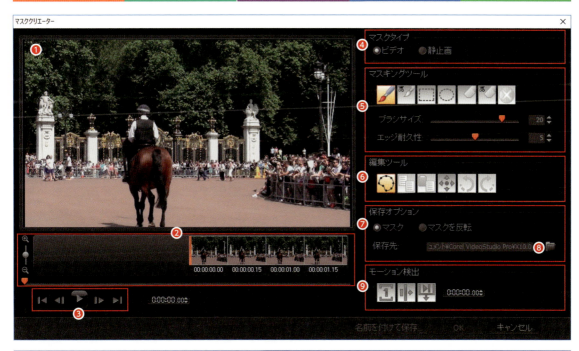

❶ プレビュー	現在作業中のビデオを表示する。
❷ ビデオを表示	ビデオをフレームに分けて表示する。
❸ ナビゲーション	ビデオを再生などの操作ができる。
❹ マスクタイプ	作業中のクリップの形式（自動で選択される）
❺ マスキングツール	マスクを指定するツール（後述）
❻ 編集ツール	マスクの表示/非表示を切り替えたり「元に戻す」などの操作ボタン
❼ 保存オプション	現在作業しているマスクを反転※することができる。
❽ 保存先	作成したマスクの保存先。変更したい場合は「フォルダー」アイコンをクリックする。
❾ モーション検出	指定したマスクをビデオの内容に合わせて分析、検出する。（後述）

※「マスクの反転」はタイムライン戻ったときに実行されます。

165

マスキングツールで指定する

マスキングツールでマスクを設定したい部分を、塗っていきます。

◯ マスキングツール

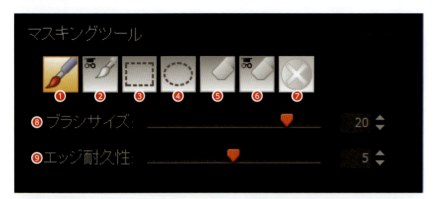

❶ マスクブラシ	フリーハンドでマスク部分を指定する。
❷ スマートマスクブラシ	エッジを検出しながら指定できる。
❸ 矩形ツール	マスク部分を長方形で指定する。
❹ 楕円形ツール	マスク部分を円形で指定する。
❺ 消しゴム	指定したマスクを除去する。
❻ スマート消しゴム	エッジを検出しながら除去する。
❼ マスクを削除	マスクの指定を一度に解除できる。
❽ ブラシサイズ	ブラシと消しゴム（スマートも含む）の直径を変更する。
❾ エッジ耐久性	ブラシと消しゴム（スマートも含む）使用時のエッジの検出度を変更する。

 ①「マスクブラシ（またはスマートブラシ）」を選択します。

②ブラシのサイズを調整して、マスクを指定したい部分を、プレビュー内でドラッグしながら塗っていきます。ここではブラシのサイズを「10」に設定して「エッジ耐久性」を「1」にしています。

Reference	エッジの耐久性

指定したマスクの部分と隣接した部分を、ピクセルの一致度合いで分析して、マスクに含めるかどうかを判断してくれます。低い数値ほど近いピクセルのみがマスクに取り入れられます。また「スマートブラシ（スマート消しゴム）」はその精度をさらに高めてくれます。

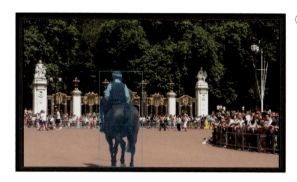

③「消しゴム」、「スマートブラシ」なども駆使しながら、指定しました。

モーションの検出

❶ 次のフレーム	動きを検出して、次のフレームまでのマスクを調整する。
❷ クリップの終わり	動きを検出して、現在のフレーム位置からビデオの最後まで全フレームのマスクを調整する。
❸ 指定したタイムコード	動きを検出して、現在のフレーム位置から、タイムコードで指定した位置までのマスクを調整する。

　これはビデオのみで使用できる機能ですが、「モーションの検出」でマスクを自動で適用します。

①「クリップの終わり」をクリックします。　　②検出が始まり、全フレームのマスクが調整されます。

Point

クリップの長さや品質によって、処理の時間は異なります。

167

マスクを調整する

クリップの内容にもよりますが、正確なビデオマスクを作成するには調整が必要です。

①プレビューの下にあるタイムコードでフレームを移動します。

②青いマスク部分をブラシや消しゴムで修正します。

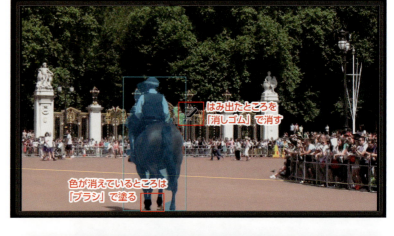

③修正が完了したら「OK」をクリックします。

④作成したマスクはオーバーレイトラックに配置されます。

元の映像を加工する

このままではマスクが元の映像に重なって、再生されるだけなので、なんの効果も確認できません。

①元の映像を加工します。ここではエフェクトの「反転」を適用しています。

②プレビューを「Project」モードで再生して、効果を確認します。

「Project」モードで再生する

168

| Reference | 静止画のマスク |

静止画のマスクも同様の手順で実行できます。

元の画像

作業中

背景を差し替えました

マスクを保存する

 ①「名前をつけて保存」をクリックします。

②「名前を付けて保存」ウィンドウが開くので、ファイル名を入力して「OK」をクリックします。

| Reference | マスクをソースクリップにリンク |

チェックするとマスクをオリジナルのクリップにリンクすることができます。ファイルごとに1つのマスクをリンクできます。

> **Point**
> 作成されたマスクのクリップは、ライブラリに登録することも可能です。オーバーレイトラックにあるクリップをライブラリにドラッグアンドドロップすれば完了です。

マスクを修正する

「マスククリエーター」をクリック

①オーバーレイトラックにあるマスクのクリップを選択して、ツールバーの「マスククリエーター」をクリックするか、もしくはクリップ上で右クリックして、表示されるメニューから「マスクを編集」を選択、クリックします。

②再び「マスククリエーター」が起動するので、修正します。

Chapter 5

05 カメラアングルを自由に切りかえる「マルチカメラ エディタ」

複数のカメラで同時撮影した動画を、VideoStudio X10 で同時再生しながら編集します。

　複数のカメラで撮影した動画を取り込んで、タイムラインに並べ、テレビ局のカメラのスイッチングのように、簡単にアングルを変えながら編集ができます。

マルチカメラ エディタを起動する

①「編集」ワークスペースのツールバーの「マルチカメラ エディタ」アイコンをクリックします。なおメニューバーの「ツール」→「マルチカメラ エディタ」からも起動できます。

ツールバーのアイコン

メニューバーから起動

②まず「ソースマネージャー」ウィンドウが開きます。ここで編集するビデオを選択します。

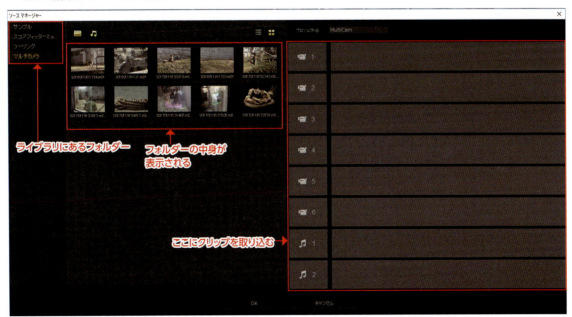

171

③ドラッグアンドドロップで編集したいクリップを取り込みます。

Point

カメラ4台分まで取り込めます。ULTIMATEは6台まで編集可能です。

④「OK」をクリックして、次に進みます。

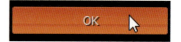

マルチカメラ エディタの概要

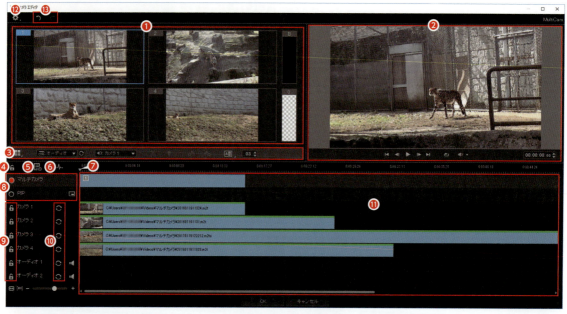

❶	マルチビュー	各カメラの映像を表示する。
❷	メインプレビュー	マルチカメラのタイムラインの映像が表示される。
❸	ツールバー	カメラの台数の切り替え、ソース同期タイプ、同期アイコンなどのツール
❹	すべてのトラックをロック／ロック解除	同期後のトラック上のクリップの位置がずれないようにロックする。
❺	ソースマネージャー	取り込んだ動画データの詳細を表示して、クリップの追加／削除がおこなえる。
❻	音声波形ビューを表示／非表示	クリップの音声の波形ビューの表示を切り替える。
❼	ジョグ スライダー	メインプレビューの表示を高速で切り替える。
❽	マルチカメラ／PIP	マルチカメラ機能とPIP（ピクチャー・イン・ピクチャー機能）を切り替える。
❾	このトラックをロック／ロック解除	鍵マークをクリックしてトラックごとにロックとロック解除を切り替える。
❿	同期のために有効にする	トラックごとに同期に含めるか、除外するかをクリックして指定できる。
⓫	タイムライン	取り込んだ動画データやオーディオデータが並ぶ。
⓬	設定	ファイルの保存、スマートプロキシ マネージャーの設定ができる。
⓭	元に戻す／やり直す	クリックして手順を元に戻す／やり直す。

マルチカメラエディタは動画をマルチビューで同時に再生させながら、アングルを決定していきます。その前に重要な作業が各クリップの同期を図ることす。

① ソースマネージャーで**動画データ**をマルチエディタに取り込む

② 各クリップを**同期**する
・音声で同期
・選択範囲
・マーカーで同期
・撮影日時で同期

③ 再生しながらカメラを切り替えて**アングルを決めていく**

音声で同期する

クリップに収録されている音声で同期します。

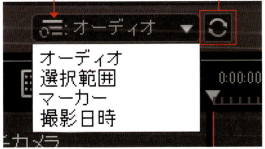

ソース同期タイプ　　　　「同期します」

プルダウンメニューで変更

Point
クリップに音声が含まれている必要があります。

①ツールバーの「ソース同期タイプ」が「オーディオ」であることを確認して、「同期します」をクリックします。

Reference　緑に変わるまで

タイムラインにクリップが取り込まれたときに、スマートプロキシの設定が有効になっているとファイルの作成が自動で開始されます。完了するとクリップ上部のオレンジのラインが緑色に変わります。スマートプロキシについては（→ P.84）。

②分析が始まります。

分析中...

③同期されました。

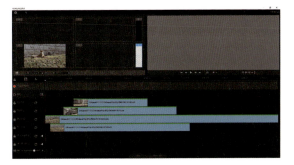

173

④どのように同期されたのか、確認のために音声の波形を表示してみます。

⑤波形を表示しました。

音声で同期を実行して満足な結果が得られた場合は、P.178「カメラアングルを選択する」に進みます。

選択範囲で同期する

ビデオの一部を指定して解析し、同期を図ります。

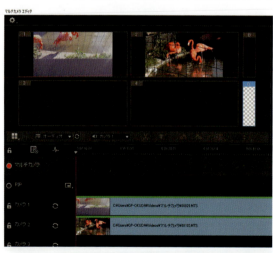

①マルチカメラエディタに同期したいクリップを読み込みます。

②「ソースの同期タイプ」のプルダウンメニューから「選択範囲」を選択、クリックします。

③適用する範囲が自動的に選択されます。

④「同期します」をクリックします。

⑤同期されました。

マーカーで同期する

視覚的に手動で同期する方法です。

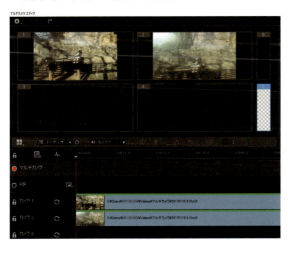

①マルチカメラ エディタのタイムラインに同期させたいクリップを、読み込みます。

②タイムラインのクリップを選択します。

③再生、またはジョグ スライダーを操作して、マルチビューやプレビューの画をみて該当する場所を見つけます。

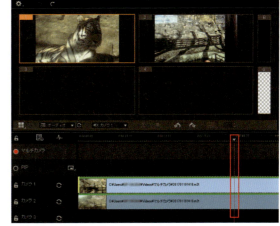

④「ソースの同期タイプ」を「マーカー」に切り替えます。

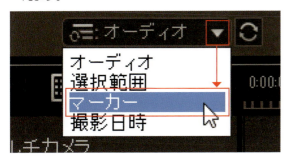

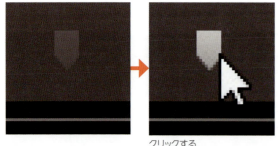

クリックする

⑤そうするとツールバーの「マーカーを設定／削除」がアクティブ（使用できる状態）になるので、クリックします。

⑥オレンジ色のマーカーが追加されました。

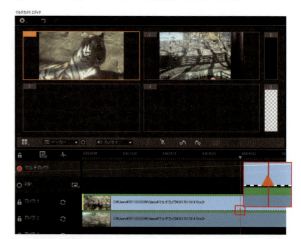

⑦同様にほかのクリップにもマーカーを追加します。

⑧「同期します」アイコンをクリックします。

⑨同期されました。

マーカーの位置で同期されました

Point

マーカーは画を見ながら打ちます。音声で同期できないときなどに利用します。たとえばスポーツのゴールの瞬間など、映像で明らかにタイミングが合っていると思われるシーンなどがあれば、適用できます。

撮影日時で同期する

　ビデオカメラで撮影した動画には映像と音声はもちろんですが、日付や時間、カメラにGPS機能があれば、撮影場所などもデータとして記録されています。これらのデータを「メタデータ」と呼びますが、これを利用して、同期を図ります。

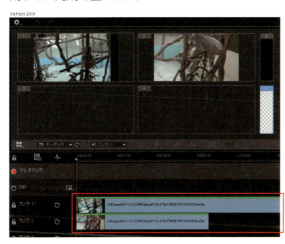

①マルチカメラエディタのタイムラインに同期させたいクリップを読み込みます。

②「ソースの同期タイプ」のプルダウンメニューから「撮影日時」を選択、クリックします。

③「同期します」をクリックします。

④同期されました。

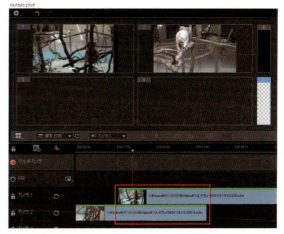

Point

同期は慣れないうちは難しいかもしれません。いろいろな方法を試してみてください。この項の最後に複数のカメラで撮影する場合のコツをまとめていますので、参考にしてください。

カメラアングルを選択する

再生またはジョグ スライダーを操作して、アングルを決めていきます。

①最初のカメラをマルチビューで選択します。作例では「カメラ3」の映像しかありませんので、それをクリックしています。

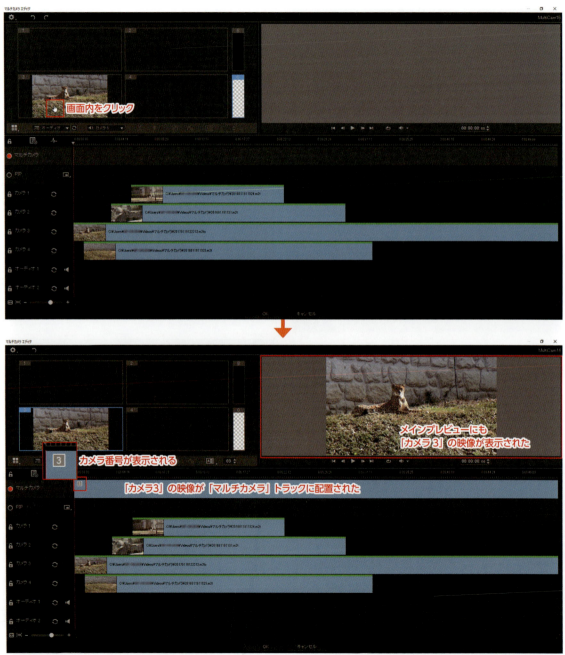

タイムラインの「マルチカメラ」に配置されます

178

②基本的にはメインプレビューにビデオを再生して映像を流しながら、マルチビューでカメラのアングルを確認しつつ、2つから4つのカメラの映像を切り替えていきます。
メインプレビュー下の「再生」をクリックします。

「再生」をクリックして、作業開始

③「カメラ4」の映像が表示されたので、そこをクリックします。

④メインプレビューの映像を確認しつつ、マルチビューの各カメラの映像もチェックして、クリックで随時指定していき、カメラアングルを決定していきます。

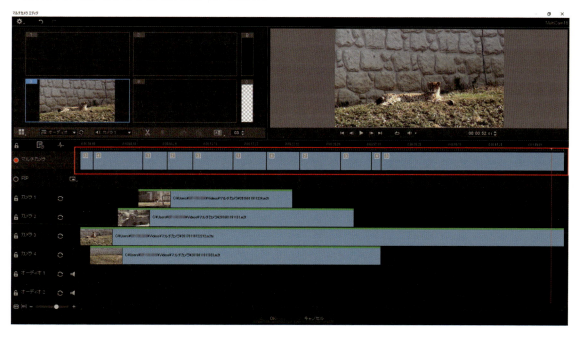

戻って指定しなおす

戻って指定したアングルを変更したいときは、ジョグ スライダーを使用します。

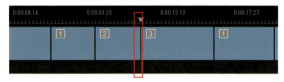

①ジョグ スライダーを変更したいカメラアングルのつなぎ目の部分に移動します。

②「カメラ3」を「カメラ1」に変更したいので、マルチビューの「カメラ1」をクリックします。

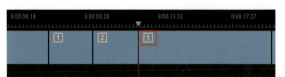

③反映されました。

トランジションを挿入する

アングルを切り替えた場所にトランジションを、挿入することができます。

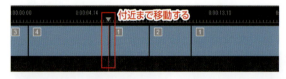

①アングルの切り替え付近まで、ジョグ スライダーを移動します。

②挿入可能な場所に来ると、「トランジション」ボタンがアクティブになります。

③クリックすると「クロスフェード」のトランジションが追加されます。

④長さはとなりの数字を変更します。
初期設定は3秒です。

「黒」または「空白」を挿入する

　アングルを選択するときに、カメラではなく「黒」または「空白」を選択することによって、それぞれ、それを挿入することができます。

◯ カメラの代わりに黒（B）を選択する

「黒」が挿入され、真っ暗な動画になる

◯ カメラの代わりに「空白」（0）を選択する

メインプレビューの表示が消える

Point

「黒」を挿入した場合は、その部分は真っ暗な動画として再生され、「空白」を挿入した場合はその部分はなかったこととなり、これを動画として書き出すと、その部分は次に指定したカメラの映像が表示されます。

181

音声の指定

音声は初期設定では「カメラ1」が使用されますが、これを切り替えることができます。

①「メインオーディオ」のプルダウンメニューを表示します。

②ビデオトラックとは全く関係のない、オーディオクリップがあれば、タイムラインの「オーディオトラック」に配置して「オーディオ1」「オーディオ2」で適用することが可能です。また「すべてのカメラ」を選択すれば「カメラ1」から「カメラ4」のすべてのオーディオが再生されます。

「なし」も選択できる

Point
「自動」を選択すると各映像の音声がそのまま再生されます。

名前を付けて保存

マルチカメラ エディタの作業状態をそのまま保存することができます。

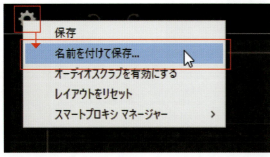

①「設定」から「名前付けて保存」を選択、クリックします。

②「名前を付けて保存」ウィンドウが開くので、名前を入力して「OK」をクリックします。

ここでは「マルチカム」と入力

編集を終了する

①編集が終了したら最下段の「OK」をクリックします。

②ライブラリに登録されます。

ライブラリに登録される

Reference	ファイルを開く

マルチカメラ エディタで作成したファイルは、拡張子が .vsp で VideoStudio X10 のプロジェクトファイルと同じなので、通常のタイムラインに挿入して、編集することが可能です。

VideoStudio X10 のタイムラインに展開した
ファイル

またライブラリにあるファイルをダブルクリックすると、マルチカメラ エディタが直接開き、作業を再開することができます。

Reference	マルチカメラの撮影のコツ

・基本的には複数のカメラで、いろいろな角度から被写体を撮影します。
・同じ方向から撮影する場合でも、一台は顔の表情のアップだけを、もう一台は全体像をといった工夫でこれまでにない動画をつくることが可能です。
・収録されている音声で動画同士をシンクロ（同期）させるので、撮影のときからたとえば映画撮影のカチンコのように、何かきっかけとなる音を意識して撮影するといいでしょう。
・複数のカメラの内蔵時計の時間を合わせておけば、撮影日時のデータでシンクロが可能です。
・一台のカメラで違う角度から撮影した動画も、映像を見て手動でタイミングを合わせることもできるので、たとえば被写体が目印となるような絵づくり心がけましょう。
・VideoStudio X10 で扱える動画形式であれば、撮影するカメラの動画保存形式が揃っていなくても問題ありません。
・最大 4 台（ULTIMATE は 6 台）までの、カメラの映像を編集可能です。

運動会や結婚式などのイベント、コンサートのライブ会場などで複数のカメラで同時に撮影すれば、臨場感あふれる動画を残すことができます。

Chapter5
06 | 対象を吹き出しが追いかけていく「モーショントラッキング」

モーション（motion：動き）をトラッキング（tracking：追跡、追随）します。

どんなことができる？

動画内でターゲットを定め、それに追随する画像を設定したり、ターゲット自体にモザイクをかけたりできます。

吹き出しが追いかけていく

動きに合わせてモザイクをかける

吹き出しが追いかけていく

①ビデオトラックにクリップを配置して、ツールバーから「モーショントラッキング」アイコンをクリックします。

②「モーショントラッキング」ウィンドウが開きます。

Point
開いた直後にはプレビューに使い方の説明が表示されます。

動画の範囲を指定する

③まず、「モーショントラッキング」を実行したい動画の範囲を指定します。プレビューを見ながら、ジョグスライダーを移動して開始点を見つけ、「トラックイン」ボタンをクリックします。続けて終了点を決めて、「トラックアウト」ボタンをクリックします。

トラックイン　　　　　　　　　　　　　　　　　　　　ジョグ スライダー　　　　　　　トラックアウト
範囲を指定

> **Point**
> キーボードの「F3（トラックイン）」、「F4（トラックアウト）」を押しても指定できます。

ターゲットを指定する

④指定した開始点にジョグ スライダーを戻します。

開始点に戻す

⑤プレビュー内の図の赤いターゲットマーク（トラッカー）を、追いかけたい対象の部分にドラッグアンドドロップします。ここでは動物（カワウソ）の頭に合わせています。

周囲が拡大される

> **Reference　エリアで設定する**
>
> ここではピンポイントで追いかけるようにトラッカーを設定していますが、もっと広い範囲（エリア）で指定したい場合はトラッカーのタイプを切り替えます。
>
>
>
> ❶ ピンポイントで設定する。
> ❷ エリアで設定する。
> ❸ 四辺形の頂点で設定する。（モザイク専用）
> ❹ モザイクの大きさや形を設定する。

185

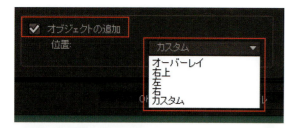

⑥「オブジェクトの追加」がオンになっているのを確認して、画像エリア（♯01）の位置と大きさを調整します。

オーバーレイ	トラッカーに重なって表示される。
右上	トラッカーの右上に表示される
左	トラッカーの左に表示される
右	トラッカーの右に表示される
カスタム	ドラッグして自由に自分で配置する

⑦ここではドラッグして、大きさと位置を調整しています。

⑧「モーショントラッキング」アイコンをクリックします。

⑨指定した範囲の動画を再生しながら解析が始まります。

ただいま解析中

⑩解析が終わりました。

186

> **Point**
>
> 軌跡の表示、非表示はここをクリックします。
> 右は「デフォルトの位置に戻す」設定をリセットする

　図のように設定したポイントを追いかけて、トラッカーの軌跡が記録され、追随する画像エリア（#01）もいっしょに移動します。

> **Point**
>
> トラッカーの設定を何か変更した場合、必ず「モーショントラッキング」アイコンをクリックして、解析を再度実行してください。

> **Reference**　トラッカーは複数設定できる
>
> トラッカーは一つの動画に複数設定することが可能です。増やす場合は「+」ボタンをクリックします。

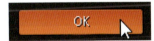

⑪設定が終了したら「OK」をクリックして、「モーショントラッキング」ウィンドウを閉じます。

オーバーレイトラックのクリップを交換する

⑫タイムラインのオーバーレイトラックにクリップが追加され、ビデオトラックのクリップ上部にモーショントラッキングを設定したという印のブルーのラインとマークが表示されます。

⑬オーバーレイトラックのクリップ（画像）を交換します。ライブラリにあらかじめ用意した画像をドラッグします。ただしドロップする前にキーボードの「Ctrl」キーを押して、図のように「クリップを置き換え」という文字を確認してから、マウスの指を離します。

> **Point**
>
> 「Ctrl」キーを押さずにドロップすると、置き換えにならずオーバーレイトラックにあるクリップの前後に挿入されてしまいます。

⑭「Project」モードで再生して確認してみましょう。

動物の動きに合わせて吹き出しがついていく

Reference	トラッカーが途中ではずれる

トラッカーがターゲットを見失い、うまくいかないときは以下の方法を試してみてください。
・トラッカーの指定する箇所を変えてみる。
・トラッカーのタイプを変えてみる。
・トラッカーの数を増やして、適用範囲を細分化してみる。
・「モーショントラッキング」ウィンドウで、トラッカーがズレているところまでフレームを戻し、トラッカーの位置を修正してそこから再度「モーショントラッキング」を実行する。

「モーショントラッキング」を削除する

① 「モーショントラッキング」を設定したクリップをタイムライン上で選択して、「モーショントラッキング」ウィンドウを開きます。

② 新しいトラッカーを追加します。

③ トラッカー01(削除したいトラッカー)を選択して「−」ボタンをクリックして削除して、「OK」ボタンをクリックします。

Point

トラッカーが1個しかないと「−」ボタンがアクティブにならず、削除することができないので、新しいトラッカーをあえて足して、元のトラッカーを削除しています。

モザイクをかける

モザイクもほぼ同じ手順で簡単にかけることができます。

①クリップをビデオトラックに配置して、ツールバーの「モーショントラッキング」アイコンをクリックします。

②モザイクをかけたい動画の範囲を「トラックイン」と「トラックアウト」で指定します。ここでは全体にモザイクをかけるので、範囲は指定していません。

> **Point**
> 動画の範囲の指定は「トラッカー 01」等を選択していないと、実行できません。

③「モザイクの適用／非適用」のプルダウンメニューからモザイクの形を選択します。

④プレビュー内でトラッカーとモザイクエリアの大きさを指定します。

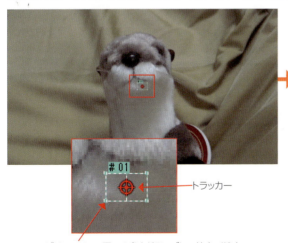

トラッカー

モザイクエリア：四つの角をドラッグして拡大／縮小

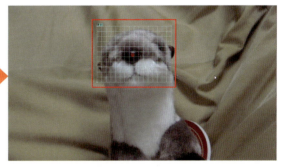

⑤モザイクのタイルの大きさは数値で設定します。1～99まで選択することができます。数字が大きいほど1枚のタイルが大きくなります。

189

⑥準備が整ったら、「モーショントラッキング」アイコンをクリックします。

⑦設定が終了したら「OK」をクリックして、「モーショントラッキング」ウィンドウを閉じます。

モザイクの状態の確認はVideoStudio X10本体のプレビューで行います。

| Reference | マルチポイントトラッキング |

トラッカーを四角形で指定します。ターゲットが四角いものなら、これを利用しましょう。
モザイク専用の機能です。

Chapter5
07 | 音に関する設定ならおまかせ「サウンドミキサー」

「サウンドミキサー」を使用して、音に関する設定をいろいろ行います。

　サウンドミキサーはクリップの音に関する設定がいろいろ行えます。ボリュームの調整はもちろん、ステレオや5.1chの設定も行えます。

サウンドミキサーを起動する

①ツールバーからサウンドミキサーを起動します。

②ライブラリのオプションパネルに「サラウンドサウンドミキサー」が表示され、タイムラインにあるクリップもオーディオ編集モードに変わります。

サウンドミキサーを閉じれば、タイムラインのクリップは元の表示に戻ります。

サラウンドサウンドミキサー

❶ ビデオトラックの音量を調整する。
❷ オーバーレイトラックの音量を調整する。
❸ ボイストラックの音量を調整する。
❹ ミュージックトラックの音量を調整する。
❺ 全体の音量

❻ 中央（スピーカー）
❼ サブウーファー
❽ バランスの調整（視覚的に調整）
❾ 再生

5.1ch サラウンドの場合

ビデオトラックの音量を調整する

①サラウンドミキサーの❾再生ボタンか、プレビューの再生ボタンをクリックします。

②❺全体の音量を上下すると、リアルタイムにビデオトラックの音量も変化します。

リアルタイムで反映される

5.1ch サラウンドを設定する

最近のビデオは画質の向上とともに音響も進歩を遂げています。家庭でも手軽に映画館のようなサラウンドシステムを構築することができます。再生しながら図のアイコンを部屋を模したイラスト内で動かすと音のバランスが変化し、迫力のある音響効果を簡単に設定できます。

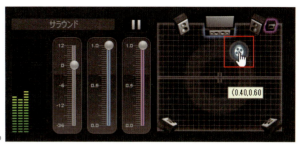

サラウンドであれば自由にバランスを設定できる

設定した変更をリセットする

タイムラインにある音量を変更したクリップ上で右クリックして、表示されるメニューから「ボリュームをリセット」を選択、クリックします。サウンドに関する変更はすべてリセットされます。

5.1ch サラウンドをステレオに変更する

5.1ch サラウンドの音声をステレオに変更することができます。

①サウンドミキサーを起動して、メニューバーの設定から「プロジェクトのプロパティ」を選択します。

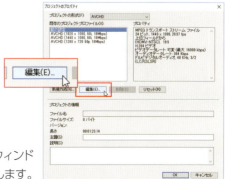

②「プロジェクトのプロパティ」ウィンドウが開くので、「編集(E)」をクリックします。

193

③開いた「プロファイル編集オプション」ウィンドウのタブを「圧縮」に切り替えます。

④「オーディオタイプ」のプルダウンメニューから「2/0(L,R)」を選択して「OK」をクリックします。

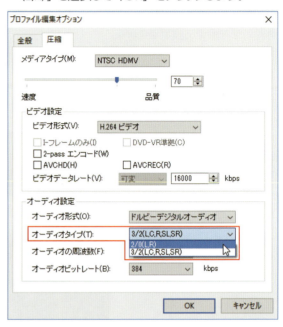

⑤チャンネルを変更すると今までのキャッシュが削除されるという旨のアラートが表示されますが、かまわず「OK」をクリックします。

⑥オプションパネルの「サラウンド」が「ステレオ」に変わります。

⑦バランスの調整もステレオなので左右にしか、動きません。

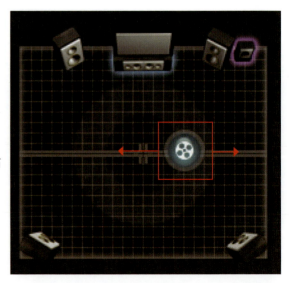

視覚的に音量を調整する

①サウンドミキサーを起動して、オーディオ編集モードにします。

②黄色いライン上にカーソルを持っていくと、カーソルの形が変化するので、その場所でクリックします。

③コントロール用の□が追加されます。同じようにここでは4か所クリックして□を追加しました。

④□をドラッグするとラインが動きます。下に引っ張るとその部分のオーディオの音量が下がり、上に引っ張ると音量が上がります。青いラインが元の音量です。

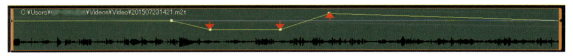

⑤コントロール用の□を削除するには、削除したい□をドラッグしてタイムラインの外へ持っていき、ドロップします。

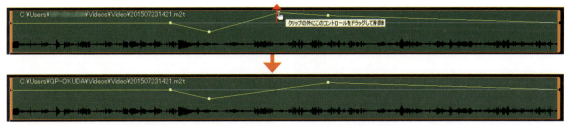

Reference　サウンドミキサーの属性タブ

「サウンドミキサー」の属性タブでもフェードイン／フェードアウト、ボリュームの調整ができます。また「オーディオチャネルを複製」をチェックすると、ステレオ音源の片方の音を無音にすることができます。

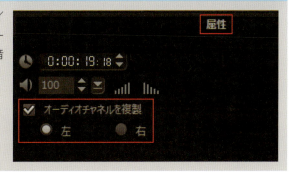

オーディオダッキングで音声をクリアにする

BGMとボイストラックにある音声の音量のバランスを自動的に分析して、音声を聞き取りやすくしてくれる機能が「オーディオダッキング」です。

◉ オーディオのウェーブデータを表示する

効果がよくわかるように、クリップの音声とミュージックのウェーブデータを表示します。

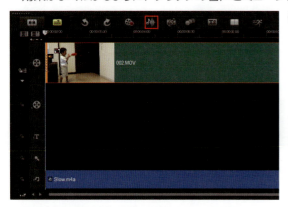

①ツールバーの「サウンドミキサー」アイコンをクリックします。

②ウェーブデータが読み込まれます。

③ミュージックトラックにあるオーディオを選択して、右クリックします。表示されるメニューから「オーディオダッキング」をクリックします。

④「オーディオダッキング」ウィンドウが開きます。

「オーディオダッキング」の設定項目

❶	ダッキングレベル	0〜100の間で指定する。数字が大きいほど適用部分のBGMの音量が低くなる。
❷	感度	ダッキングをするために必要な音量のしきい値
❸	アタック	❷の設定に合致したあと、音量が下がるまでにかかる時間を設定する。
❹	ディケイ	❸とは逆に元の音量までに戻るまでにかかる時間を設定する。

Point

❷のしきい値とはその値を境に条件などが変わる境界の値のことです。

⑤感度やダッキングレベルを調整して、最後に「OK」をクリックします。

⑥分析後、ミュージックトラックの音量が調整されました。

⑦プレビューで再生して確認してみましょう。

Point
一度で思い通りの結果を得るのは、難しいかもしれません。感度やダッキングレベルを調整して、何度か試してみることをおすすめします。

Reference ボイストラックの音声にも有効
作例ではボイストラックにクリップがありませんでしたが、ナレーションなどのクリップがある場合は、ボイストラックの音も分析の対象になります。

Chapter5
08 | 静止画にアクションをつけてフォトムービーをつくろう

写真を使ったオリジナルフォトムービーをつくります。

　撮りためた画像を使って、オリジナルのフォトームービーを作ります。パン&ズームなども駆使して、見栄え良く仕上げていきます。

動画から静止画を切り出す

　動画から気に入ったショットを一枚の静止画として保存します。

①ビデオトラックにクリップ（動画）を配置します。

②再生やジョグ スライダーを操作して、ベストショットを見つけたら、ツールーバーの「記録/取り込みオプション」をクリックします。

③「記録/取り込みオプション」ウィンドウが開くので、「静止画」をクリックします。

④画像としてライブラリに登録されます。

198

保存形式を変更する

静止画の保存形式は初期設定で .BMP (BITMAP) ですが、.JPG (JPEG) 形式に変更することができます。

①メニューバーの「設定」から「環境設定」を選択、クリックするか、キーボードの「F6」キーを押します。

メニューバーから開く

②「環境設定」ウィンドウのタブを「取り込み」に切り替えて、静止画形式のプルダウンメニューで設定して、「OK」をクリックします。

画質の変更は JPRG 形式のときのみ有効

フリーズフレームで動画にすぐに挿入する

VideoStudio X10 には「フリーズフレーム」という機能があり、動画再生中に気に入ったショットが出てきたら、すぐに切り取ってその画像を再生中の動画に挿入することができます。

①タイムラインにあるクリップを再生します。

②「ここだ！」という場面が出てきたら、タイムラインのクリップ上で右クリックします。

クリップ上で右クリック

③表示されるメニューから「フリーズフレーム」を選択、クリックします。

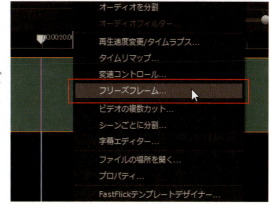

199

④「フリーズフレーム」ウィンドウが開くので、動画中にその画像を何秒表示させるか（初期設定は3秒）を決定して「OK」をクリックします。

⑤クリップが分割され、静止画がその間に挿入されました。

> **Point**
> フリーズフレームで切り取った画像はライブラリに登録されます。

タイムラインに画像を配置する

動画から切り出した画像も揃えて、ライブラリに必要な画像を取り込んで、フォトムービーを編集します。タイムラインにクリップを配置します。

> **Point**
> 画像の並べ替えはストーリーボードビューに切り替えての作業が便利です。

アスペクト比を調整する

ビデオカメラとデジタルカメラではアスペクト比が異なる場合が多いので、調整します。

> **Reference　アスペクト比**
> アスペクト比とは縦と横の辺の長さの比率です。
> AVCHDカメラなどのフルハイビジョンは16：9、昔のアナログテレビなどは4：3です。デジタルカメラも大概の機種は4：3、一眼レフのカメラは3：2が主流なので、アスペクト比の違いで仕上がりに差が出ます。

①一眼レフカメラで撮影した写真を読み込むと、画面に黒い部分があります。

②タイムライン上のクリップをダブルクリックして、オプションパネルを開きます。

クリップをダブルクリックする

③プレビューで確認しながら、「リサンプリングオプション」の「アスペクト比を維持」のプルダウンメニューから選択します。

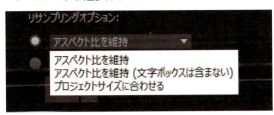

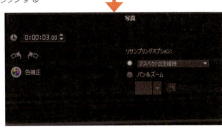

オプションパネル

画像比較

アスペクト比を維持

現状維持

アスペクト比を維持（文字ボックスは含まない）

両側の黒い部分が取り除かれ、寄りの画になる

プロジェクトに合わせる。

プロジェクトの比率 16：9 に合うように左右に引き伸ばされる

201

色を補正する

VideoStudio X10では画像やビデオの色味を補正する機能が搭載されています。

①オプションパネルの「色補正」アイコンをクリックします。

②オプションパネルが切り替わりました。

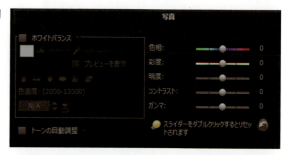

ホワイトバランスの調整

ホワイトバランスとは画像の中の白を基調にして、ほかの色を調整する機能です。

①「ホワイトバランス」のチェックボックスにチェックを入れると、自動である程度調整されます。

元の画像

自動で調整

②自分で画像の基調となる白い部分を、選択することもできます。「色を選択」をクリックします。

③カーソルがスポイトの形に変わるので、プレビューに移動して、基調となる白を選択します。

202

④色が変わりました。

自動調整された画像

さらに手動で調整した画像

Reference　色温度

光源の発する色を基に色を調整します。
左から「電球」「蛍光灯」「日光」「曇り」「日蔭」「厚い雲」で、クリックするとその光源下で撮影された場合の色を計算して色味が変化します。

例「厚い雲」

トーンの自動調整

トーンの自動調整はチェックすると、明るさを調整してくれます。また横にあるプルダウンメニューを表示して、程度を指定することが可能です。

スライダーで調整

スライダーで詳細に色を調整することも可能です。動かしたスライダーはダブルクリックすればリセットされます。

表示時間を変更する

　写真をタイムラインに配置したときは、初期設定で表示する時間が3秒に設定されます。時間を変更したい場合は3つの方法があります。

その1　タイムラインのクリップを選択してオプションパネルのタイムコードで、変更する。

その2　タイムラインのクリップ上で右クリックをして、表示されるメニューから「写真の表示時間を変更」を選択します。つづけて「長さ」ウィンドウが開くので、時間を変更します。

その3　タイムラインのクリップの端をドラッグして、表示時間を延ばすことも可能です。

端をドラッグする　　　　　　　　　　　　　　3秒を6秒に変更

パン&ズームを設定する

　撮影用語でパンは固定したカメラを左右に振ること、ズームは被写体を拡大することをいいます。写真はそのままでは動きがないので、パンやズームを設定してビデオのように動きをつけます。
①オプションパネルにあるリサンプリングオプションの「パン&ズーム」を選択して、有効にします。

Point

リサンプリングオプションの「パン&ズーム」と「アスペクト比維持」は、同時に使用することはできません。

②有効にすると、▼をクリックしてテンプレートが選択できるようになります。

③選択するだけで、適用されます。

| Reference | 「スマート&ズーム」 |

もう一つ簡易的に設定する方法があります。タイムライン上のクリップを右クリックし、表示されるメニューから「スマートパン&ズーム」を選択します。

パン&ズームをカスタマイズする

パン&ズームをもっと詳細に設定することができます。

① 「カスタマイズ」ボタンをクリックします。　② 「パンとズーム」ウィンドウが開きます。

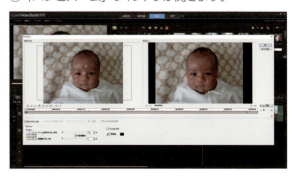

205

◎「パンとズーム」ウィンドウのおもな機能

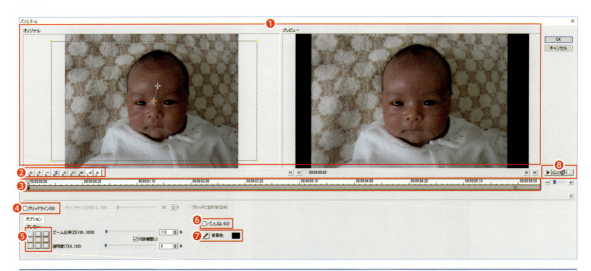

❶ 左がオリジナルで右が適用後の画面
❷ キーフレームの設定ボタン
❸ ジョグ スライダーとバー。キーフレームを追加するとバーに表示される。
❹ グリッドラインの表示 / 非表示
❺ 画像を9分割してすばやく動作する方向を決定できる。
❻ 「パンしない」チェックするとパンが解除される。
❼ 画像がフレームより小さきときに表示される背景色を変更する。
❽ 左から「再生」「再生速度」「デバイスを有効」「デバイスを変更する」

オリジナルの画面

右の画面「プレビュー」で結果を確認しながら、設定の操作はすべて左の画面「オリジナル」で行います。

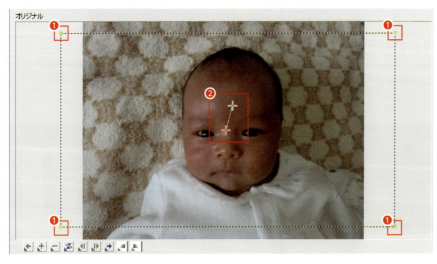

❶ ズームを操作する
❷ パンを操作する

206

■をドラッグして、点線の囲みを小さくするとズームイン（拡大）になり、逆に大きくするとズームアウト（縮小）されます。

ズームイン（拡大）

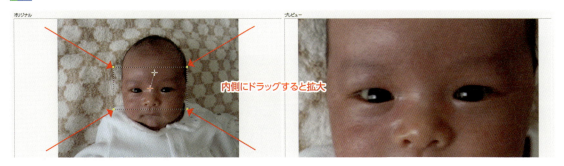

ズームアウト（縮小）

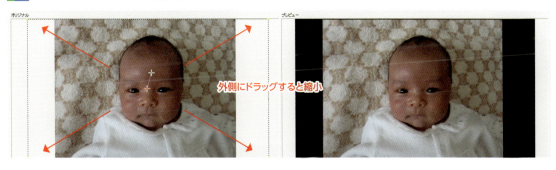

パン

❷十字を動かして、パンの方向を指定します。

設定を適用する場合は右上にある「OK」を、適用しない場合は「キャンセル」をクリックして、ウィンドウを閉じます。

Point

キーフレームを使用すれば、さらに細かい動作を指定することができます。キーフレームについてはChapter3-12を参照してください。

クリップの回転

VideoStudio X10では写真や動画を回転したい場合も簡単にできます。

①写真をタイムラインに配置します。

②タイムライン上で配置したクリップ（写真）をダブルクリックして、オプションパネルを開き、「左に回転」または「右に回転」をクリックします。

配置した通常の写真

ワンクリックで90°回転

③写真が逆さまになりました。

> **Point**
> クリップの回転は動画でも、同じ方法で可能です。

そのほかの要素

　これで画像に関する設定は完了したので、画像と画像をきれいにつないでくれるトランジションをはじめ、タイトルや、BGMを設定します。これらの設定についてはChapter 3をご覧ください。

すべての設定が終わったら「完了」ワークスペースに切り替えて、書き出します。

Chapter5
09 もっと簡単に動画をつくろう「Corel FastFlick X10」

用意されたテンプレートに動画や写真を当てはめるだけで、素敵な作品が完成します。

Corel FastFlick X10 を起動する

　Corel FastFlick X10（以下 FastFlick X10）の起動はデスクトップのアイコンをダブルクリックするか、スタート画面のアプリ一覧のアイコンをクリックします。

デスクトップアイコン

アプリ一覧のアイコン

ステップ1　テンプレートを選択

①起動した画面です。右側に 25 種類のテンプレートが並んでいます。選択して再生ボタンをクリックすると、テンプレートの内容を確認することができます。

209

②テンプレートを選択して、次のステップに進みます。ここでは1番上の中央にあるテンプレートを選んでいます。

ステップ 2 メディアの追加

③テンプレートを選択したら、下段にある「2　メディアの追加」をクリックします。

④画面が切り替わるので、右側にある「+」をクリックします。

Point

直接この場所へファイルをドラッグアンドドロップして、追加することも可能です。また写真と動画が混在していても、同時に取り込めます。

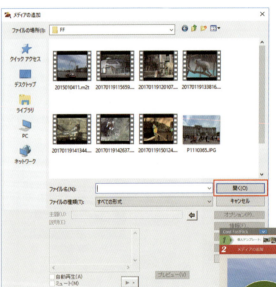

⑤「メディアの追加」ウィンドウが開くので、パソコンに保存してある写真または動画を選択して「開く」をクリックします。

⑥再生して確認します。

210

ステップ3　保存して共有する

⑦「3　保存して共有する」をクリックします。

⑧画面が切り替わります。書き出す設定は通常の「完了」ワークスペース（→P.130）とほぼ同じです。

⑨「ムービーを保存」をクリックすると書き出しがスタートします。

⑩書き出しが完了すると、ファイルが表示されます。

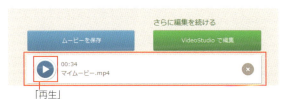

⑪「再生」をクリックすると、専用のプレーヤーが起動して、内容を見ることができます。

これがFast FlickX10の基本的な使い方です。

Reference　「VideoStudioで編集」

「VideoStudioで編集」ボタンをクリックするとVideoStudio X10が起動し、今「FastFlick X10」で編集している内容がそのまま、VideoStudio X10のタイムラインに反映されます。さらに詳細に編集したいときに使用します。

VideoStudio X10が起動する

クリップの順番を入れ替える

ここからはカスタマイズの方法です。作業はすべて「2 メディアの追加」で行います。
読み込んだクリップの位置を入れ替えると、ムービー内でも表示される順番が変わります。

①クリップの位置を入れ替える。

②入れ替わりました。

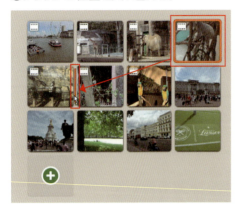
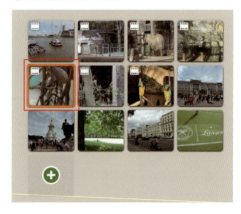

クリップを編集する

読み込んだ写真や動画を簡易的に編集することができます。

①写真を選択して右クリックすると、メニューが表示されます。

②「補正／調整」は■を操作することで、ズームによるトリミングなどがおこなえます。

Reference	動画もトリミング

読み込んだクリップが動画の場合も再生範囲の指定（トリミング）がおこなえます。

動画の「ビデオのカット」ウィンドウ

212

タイトルを変更する

ムービーの中で表示されるタイトルは、ジョグ スライダー下に紫色のバーで表示されます。

タイトルが挿入されている箇所

変更する場合はジョグ スライダーを紫色のところまで移動して、横にある「T」アイコンをクリックします。

Point

ジョグ スライダーを該当の箇所（紫色の部分）に移動しないと「T」アイコンはアクティブになりません。

紫色のバーの範囲であれば、位置はどこでもよい

①ジョグ スライダーを紫色のバーまで移動します。

②「T」アイコンをクリックします。

③右側に設定用のオプションメニューが開き、プレビューのタイトルが選択された状態になります。

④プレビューで「FastFlick」をクリックして、タイトルを変更します。ここでは「The Animal」と入力しています。

⑤入力した文字を確定する場合は、文字の枠の外側をクリックします。

⑥枠の形が変わり、●や○が表示されます。

枠の外をクリックする

⑦●をドラッグすれば文字を回転、○をドラッグすれば拡大/縮小することができます。

213

オプションメニューでさらにカスタマイズ

オプションメニューではフォントやBGMを変更したり、ムービーの長さを調整したり、さらにいろいろなカスタマイズができます。

◯ タイトルオプション

フォント（書体）や文字色の変更ができます。

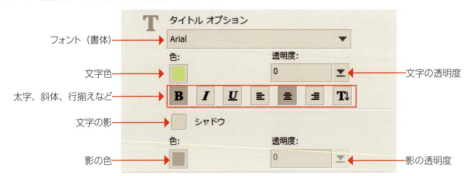

◯ ミュージックオプション

曲の変更やミュージックとビデオの音声のバランスなどを調整できます。

◯ 画像のパン&ズームオプション

チェックを入れると画像のパン（カメラを左右に振る）とズーム（拡大/縮小）を、自動調整してくれます。

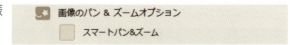

◯ ムービーの長さ

ミュージックとムービーの長さが異なる場合、どちらに合わせるかを選択します。

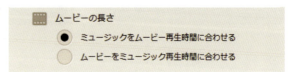

Reference　プロジェクトの保存

FastFlick X10 を終了するときに、「プロジェクトを保存しますか」というアラートが表示されます。保存する場合は「はい」をクリックします。拡張子が VideoStudio X10 のプロジェクトファイルは .VSP ですが、FastFlick X10 は .vfp となっているので、このプロジェクトファイルをダブルクリックすると FastFlick X10 が起動します。また途中で保存したい場合は図のメニューをクリックして保存します。

FastFlick X10 のプロジェクトファイルのアイコン

プロジェクトファイルを保存する

Reference　テンプレートの「全般」

画像よりも動画に特化したテンプレートで、これらを使用すると、さまざまなエフェクトが適用された作品に仕上がります。

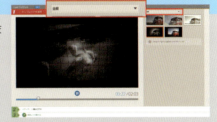

Reference　インスタントプロジェクト

「FastFlick X10」は 3 ステップで簡単にムービーを作ることができました。しかしそれではなんとなく物足りないという人は VideoStudio X10 本体にある「インスタントプロジェクト」もおすすめです。テンプレートを使用していながら、なかなか凝った演出の動画を仕上げることが可能です。

カテゴリー別に、さらにたくさんのテンプレートが用意されています

Chapter5

10 モニター画面を動画で保存する「Live Screen Capture」

パソコンの画面をまるごと録画できるのが「Live Screen Capture」です。

Live Screen Capture の起動

Live Screen Capture を起動します。起動はデスクトップのアイコンをダブルクリックするか、スタート画面のアプリ一覧のアイコンをクリックします。

デスクトップのアイコン

アプリ一覧のアイコン

操作画面

起動すると操作画面（「ライブ画面キャプチャー」ウィンドウ）が開きます。

「設定」をクリックすると、詳細設定の画面が開きます。（→次ページ参照）

録画開始

実際に画面を録画してみましょう。

① 「録画開始」ボタンをクリックします。

② 開始の3秒前からカウントダウンが始まります。

216

③一時停止するときはキーボードの「F11」を押します。録画を停止するときは「F10」を押します。一時停止したときは図のようなウィンドウが開くので、再び録画ボタンをクリックするか、「F11」を押すと録画を再開することができます。

一時停止したときのウィンドウ

④録画を停止すると保存したファイルのある場所のウィンドウが自動で開きます。

Point

初期設定では録画したファイルは以下の場所に「取り込み（番号）」というファイル名で保存されます。
「ドキュメント」→「Corel　VideoStudio Pro」→「X10.0」

録画したファイルを VideoStudio X10 に取り込んだところ

詳細設定画面

保存先やフレームレートなどを変更できる詳細設定の画面です。

❶	「録画開始」	クリックして録画を開始する。
❷	「停止」	録画を停止する。
❸	録画領域	録画領域の指定をする。
❹	ファイル名	録画するファイルの名前を指定する。
❺	保存先	ファイルの保存先を指定する。
❻	ライブラリへ取り込み	VideoStudio X10 から起動した場合のみ選択できる。（後述）
❼	取り込み形式	WMV 形式で取り込まれる。（変更不可）
❽	フレームレート	1 秒何コマで録画するかを指定する。
❾	オーディオ設定	音声、システムの音の有効／無効を切り替える。
❿	マウスクリックアニメーション	マウスのクリック動作などをアニメーションで記録する。（後述）
⓫	F10／F11 ショートカットキー	キーボードの F10 で録画停止。F11 で一時停止／再開できる。
⓬	モニターの設定	サブモニターがある場合、録画する画面を切り替えることができる。

217

録画領域の設定

画面の録画する領域を指定することができます。初期設定では画面全体を録画するように設定されています。

①モニター画面の隅の8か所に□が表示されているので、これにカーソルを合わせてドラッグします。

②指定した領域（図の明るい部分）しか録画されません。

Reference　アプリに合わせた領域を自動設定

「Skype」など、アプリによっては録画領域を自動で設定できるものがあります。まず対象のアプリを起動してから、Live Screen Capture を起動して、❸録画領域のプルダウンでそのアプリが表示されていれば、選択します。

アプリ画面の大きさに自動調整される

VideoStudio X10 から起動する

VideoStudio X10 内から「Live Screen Capture」を起動することができます。その場合のみ録画したムービーを VideoStudio X10 のライブラリに自動で登録することができます。

①「編集」ワークスペースで、ツールバーから「記録／取り込みオプション」を選択、クリックします。

218

②「記録／取り込みオプション」ウィンドウが開くので、「ライブ画面キャプチャー」を選択、クリックします。

　同様に「取り込み」ワークスペースからも起動できます。その場合も「ライブ画面キャプチャー」を選択、クリックします。

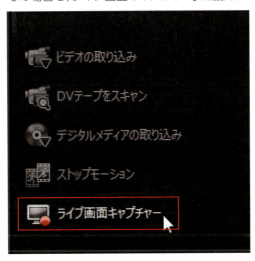

Reference	「ライブラリに取り込む」が有効に

詳細設定の❻の項目は、VideoStudio X10 から「Live Screen Capture」を起動した場合のみ有効になります。

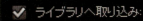

マウスクリックアニメーション

　詳細設定の❿「マウスクリックアニメーション」にチェックを入れると、録画中にマウスをクリックしたときに図のようなアニメーションの輪が表示され、これも記録されます。ただし録画したムービーを再生しないと見えません。

青い輪が広がる

　この機能を利用すればパソコンのモニター上で表示される映像はすべて動画として記録する※ことができます。（※著作権で保護された画面は録画できないことがあります）

219

索引

数字
- 360°動画 152
- 360から標準へ 153
- 5.1chサラウンド 193

アルファベット
- Android 54, 138
- AVCHDカメラ 41, 46
- BDMV 42
- BGM 116
- Blu-ray 11, 139
- 「Clip」モード 24
- Corel FastFlick X10 .... 14, 209
- Corel VideoStudio X10 ... 14
- DCIM 43, 55
- DVD 11
- DVDビデオ 139
- DVDメニュー 145
- DVカメラ 41
- DVテープをスキャン 22
- IEEE1394 41
- iPhone 52, 137
- iTunes 137
- JPG形式 53
- Live Screen Caputure 14, 216
- Magicモード 140
- MOV形式 53
- MP4形式 130
- Muserk　サウンド効果 25
- PRO 14
- 「Project」モード 24
- Sonicfire Pro 6.0 14
- STREAM 42
- Triple Scoop Music 25
- ULTIMATE 14, 164
- .vfp 215
- VideoStudio MyDVD 14, 139
- VR映像 152
- .VSP 28
- XAVCカメラ 41
- YouTube 133

あ
- アスペクト比 200
- アンインストール 17
- アングル 154
- 入れ子 29
- 色温度 203
- 色補正 202
- インスタントプロジェクト 70
- インストール 12
- イントロビデオ 149
- インポート 45
- インポート機能 44
- インポート設定 49
- エフェクト 9
- オーディオ 116
- オーディオダッキング 196
- オーディオの音量 117
- オーディオの分割 88
- オーディオフィルター 119
- オートミュージック 121
- オーバーレイオプションを適用 77
- オーバーレイトラック 71, 76
- オブジェクトのグループ化 81
- オブジェクトの追加 186
- オプションパネル 84, 106
- オリジナルのタイトル 104
- 音声で同期 173
- 音声の指定 182
- 音量を調整 192

か
- 開始点 24
- 外部記憶装置 45
- 拡張子 30
- 角度 155
- カスタマイズ 91
- 「風」 93
- カテゴリー選択エリア 27
- カメラアングル 178
- カラー/装飾 70
- 「カラーバランス」 93
- 「カラーペン」 93
- 環境設定 20
- 「完了」 11
- 「完了」ワークスペース 26, 130
- キーフレーム 125
- 起動 15
- 逆回転 157
- 境界線/シャドウ/透明度 110
- 切り出した画像を表示 85
- 記録/取り込みオプション 57, 198
- 繰り返し 24
- クリップ 8
- クリップの回転 208
- クリップの再リンク 35
- クリップの順番 64
- クリップの属性 123
- クリップの分割 88
- クリップをコピー 33
- クリップを削除 63
- クリップを並べる 62
- クリップを変形 98
- グループ化 81

グループ解除 81	スマートプロキシ 84	透明度 162
「クロスフェード」 65	スマートプロキシ マネージャー 84	トーンの自動調整 203
形式エリア 27	スマートプロキシを有効にする 84	特殊効果 93
効果音 10	スマートレンダリング 131	トラッカーのタイプ 185
高度なモーション 78	スロー再生 159	トラック 73
「ゴースト」 93	静止画のマスク 169	トラックアウト 185
個人設定 18	静止画を切り出す 198	トラックイン 185
コンテンツを取得 20	選択範囲で同期 174	トラック透明 161
	選択範囲を反転 85	トラックにクリップを配置 74
さ	属性のコピー 123	トラックの追加/削除 74
再生 24	「属性」パネル 77	トラックの表示/非表示 73
再生速度を変更 158	属性を選択して貼り付け 124	トラックボタン 71
再リンク 35		トラックマネージャー 71
サウンドミキサー 70, 191	**た**	トランジション ... 10, 65, 70, 90
撮影日時で同期 177	ターゲット 185	トランジションを置き換える 68, 92
サムネイル 34	タイトル 10, 70, 99	トランジションをカスタマイズ 67
サムネイル表示 71	タイトル(コンテンツ)を追加 144	トランジションを削除 68, 92
サラウンドサウンドミキサー 192	タイトルトラック 71	「取り込み」 8
視界 153	タイトルのアニメーション ... 112	取り込みオプション 22
システム要件 14	タイトルを登録 115	取り込み開始 49
字幕ファイル 106	タイムコード 24	「取り込み」ワークスペース 21
斜体 106	タイムラインパネル 25, 71	トリミング 9, 82
終了点 24	タイムラインビュー 60, 69	
詳細モード 140	タイムリマップ 70, 157	**な**
情報エリア 27	ダッキングレベル 196	ナビゲーションエリア 22, 24, 27
情報パネル 22	チャプター名 145	
初期設定セットアップページ ... 20	チャプターを追加 146	
ジョグ スライダー 24	チャプタを編集 146	**は**
ジョグホイール 85	チルト 153	パス 70
シリアル番号 13	ツールバー 24	早送り再生 158
新規フォルダーを追加 70	次のフレームへ 24	早送り/早戻し 85
新規プロジェクトの保存 28	ツリーモードパネル 143	パン 153, 207
ズームアウト 207	適用時間の変更 91	パン&ズーム 204
ズームイン 207	デジタルメディアの取り込み 22, 47, 57	ピクチャー・イン・ピクチャー ... 76
ズームスライダー 72	「デュオトーン」 126	ビデオ クリップのトリム 87
スコアフィッターミュージック 25, 122	テロップ 114	ビデオチュートリアル 19
ステレオ 193		ビデオトラック 71
ストーリーボードビュー 60		

Index

221

ビデオトラックでトリミング ... 86
ビデオの取り込み 22
ビデオの複数カット 84
ビデオをアップロード 134
ビュートラッカー 154
ビューの切り替え 60
表示時間の長さ 107
フォルダーを削除 32
フィルター 70, 93
フィルターの順番 97
フィルターを置き換える 96
フィルターをカスタマイズ ... 95
フィルターを削除 98
フィルターを複数かける 97
フェードイン/フェードアウト
 119
「フォト」 44
フォトムービー 198
フォルダーの参照 58
フォルダーの順番 32
フォント 106, 108
不透明度 162
太字 106
プライバシー 135
プラグイン 11, 16
フリーズフレーム 159, 199
プリセット 95, 99
フレームレート 217
プレビュー 21, 23, 26
プレビューでトリミング 82
プロジェクト 28
プロジェクトファイル 28
プロジェクト設定に合わせる
 131
プロジェクトの長さ 63
プロジェクトをアップロード
 134
プロジェクトを開く 29
プロファイル 27
「編集」 9

「編集」ワークスペース 23
ボイストラック 71, 116
保存形式 199
ボリュームアイコン 117
ホワイトバランスの調整 202

ま

マーカーで同期 175
マークアウト 24, 83
マークイン 24, 83
マークイン/マークアウト 85
マウスクリックアニメーション
 219
前のフレームへ 24
マスキングツール 166
マスククリエーター 164
マスク&クロマキー 77
マスク合成 164
マルチカメラ エディタ
 .... 70, 171
マルチビュー 172
マルチポイントトラッキング 190
ミュージックトラック 71, 116
メインプレビュー 172
「メディアファイルを挿入」 56
「メディアファイルを取り込み」
 .... 56, 71
メディアブラウザパネル
 .... 141, 143
メニューの動作 149
メニューの編集 147
メニューバー 21, 23, 26
メニュー編集パネル 148
メニューを追加 144
モーショントラッキング
 .... 70, 184
「モーショントラキング」を削除
 188
モーションの検出 167
モーションの生成 78
モード切替 24

モザイクをかける 189
文字色 110
文字の大きさ 108
文字の飾り 106
モバイル機器 136

や

有効なコンテンツ 48
ユーザーアカウント制御 12
ユーザー登録 15
「ようこそ」 19

ら

ライブ画面キャプチャー 22
ライブラリ 8, 31
ライブラリから削除 34
ライブラリ マネージャー 36
ライブラリのクリップを並び替え
 71
ライブラリの出力 36
ライブラリの初期化 38
ライブラリの取り込み 37
ライブラリパネル
 .... 22, 25, 31, 70
リスト表示 71
リップル編集 71, 79
リムーバブルディスク 42
リンク切れ 35
ルートメニュー 144
「レンズフレア」 93
録画開始 217
録画領域 217

わ

ワークスペース 19

購読者特典！「VideoStudio Pro X10 フィルター・トランジションカタログブック」

このたびは本書をお買い上げいただき、誠にありがとうございます。特典として「VideoStudio Pro X10 フィルター・トランジションカタログブック」（非売品）（フィルター全 87 種類／トランジション全 127 種類）をご提供します。

※**これは VideoStudio X10 に機能を追加するものではありません。**

手順

①弊社サイトにアクセスします。

グリーン・プレスの Web ページ
http://greenpress1.com/

②トップページのアイコンをクリック

③「ユーザー ID」と「パスワード」※を入力します。

④利用にあたっての注意事項を確認の上、「同意してダウンロード」をクリックします。

⑤ページが遷移しますので、「ダウンロードする」をクリックします。

閲覧にはアドビ社の「Acrobat Reader」が必要です。お持ちでない場合は以下からダウンロードしてください。

アドビ社の Web ページ
https://get.adobe.com/jp/reader/

※**ユーザー ID/ パスワードは次ページに記載してあります。**

Blu-ray Disc のご利用について

Blu-ray Disc（読み込み／書き出し）をご利用いただくには、別売りプラグインの購入が必要です。
- 購入方法：VideoStudio X10 プログラム内のメニュー ［ヘルプ］－［Blu-ray オーサリングの購入］を選択、または［完了］タブ－［ディスク］－［ブルーレイ］を選択
  （購入にはインターネット接続が必要です）
- 支払方法：クレジットカード または PayPal
- 販売価格：900 円前後（為替レートによって金額が変動します）

•著者略歴•

山口 正太郎（やまぐち・しょうたろう）
エディター＆ライター。
ソフトウエア解説関連・IT・医療・コミックス・生活全般等にわたって幅広いフィールドで編集、著作に携わり続けている。その編集、著作内容のわかりやすさときめ細かさには定評がある。1962年生まれ。主な編集刊行物に、『PaintShop Pro ガイドブックシリーズ』『Parallels Desktop ガイドブックシリーズ』（グリーン・プレス）など。著作に『VideoStudio X9 オフィシャルガイドブック』などがある。映画・ドラマの劇作批評家としての活動歴も長く、鋭い寄稿が多い。

モデル：清 水 秀 真
清水優里菜
Ken&Saori

装丁・本文デザイン：宮 城 秀

ユーザーID　gpress
パスワード　cvx10ft

グリーン・プレス デジタルライブラリー 48
Corel
VideoStudio X10 PRO/ULTIMATE オフィシャルガイドブック

2017年4月11日 初版第1刷発行
2017年9月25日 初版第2刷発行

著　　者	山口正太郎
発 行 人	清 水 光 昭
発 行 所	グリーン・プレス

〒156-0044
東京都世田谷区赤堤4-36-19　UKビル2階
TEL03-5678-7177/FAX 03-5678-7178

※上記の電話番号はソフトウェア製品に関するご質問等には
　対応しておりません。
　製品についてのご質問はソフトウェアの製造元・販売元の
　サポート等にお問い合わせ下さいますようお願い致します。

http://greenpress1.com

印刷・製本　シナノ印刷株式会社

2017 Green Press,Inc. Printed in Japan
ISBN978-4-907804-39-8　©2017 Shotaro Yamaguchi

※定価はカバーに明記してあります。落丁・乱丁本はお取り替えいたします。
　本書の一部あるいは全部を、著作権者の承諾を得ずに無断で複写、複製することは禁じられています。